LEVENSNEVEL

KEES VAN KOOTEN

De ergste treitertrends 1976
Koot droomt zich af 1977
Koot graaft zich autobio 1979
Veertig 1982
Hedonia 1984
Modermismen 1984
Meer modermismen 1986
Zeven sloten 1988
Meest modermismen 1989
Zwemmen met droog haar 1991
Verplaatsingen 1993
De complete modermismen 1999
Omnibest 1997

DE BEZIGE BIJ

Kees van Kooten
LEVENSNEVEL

VERHALEN

1999
UITGEVERIJ DE BEZIGE BIJ
AMSTERDAM

Eerste druk april 1999
Tweede druk mei 1999
Derde druk juni 1999
Vierde druk juli 1999
Vijfde druk september 1999
Zesde druk oktober 1999
Zevende druk november 1999
Omslagontwerp Leendert Stofbergen
Omslagfoto Cleo Campert
Druk Hooiberg Epe
ISBN 90 234 3831 0 (Paperback)
ISBN 90 234 6202 5 (Gebonden)
NUGI 300

INHOUD

Dat dit leven steeds sneller ten einde loopt merk je vooral aan de oproep om ter controle bij de tandarts te verschijnen.

Is het alweer een half jaar geleden dat ik daar zat?

Nee korter, gelukkig; de tandarts houdt gewoon vast aan de saneringsfrequentie die wij na de grote verbouwing van 1985 hebben afgesproken. Maar omdat ik zijn rappel een maand laat liggen, zijn de opeenvolgende verzoeken elkaar gaan overlappen; wat tot dubbel schrikken leidt.

Op de dag voor de visite koop ik alle interdentale borsteltjes, stokers en flosdraden die mij de vorige keer op het hart zijn gedrukt en tot een uur voor de afspraak sta ik schuimend voor de spiegel. De stof pas de avond voor het examen doornemen en op de ochtend van de voetbalwedstrijd met het café-elftal voor het eerst na vijf jaar weer eens honderd meter looppassen.

Voorafgaande aan de inspectie door mijn tandarts heb ik nu driemaal bij dezelfde mondhygië-

7

niste gelegen, maar ik weet nog steeds niet hoe zij heet. Dat vraag je niet. Ik zag en hoorde dat zij van heel ver naar Nederland was gekomen, maar ik wist niet vanwaar, wanneer, waarom en met wie.

Zij is lief en nog geen dertig. Zij neuriet vreemde, gepassioneerde melodieën wanneer zij zorgzaam langs mijn kronen tinkelt.

Haar ogen zijn precies zo donker als haar lange bruine haar.

– Hoe gaat het met u? vraag ik, terwijl zij mij horizontaal zoemt.

– Het is goed, zegt zij. Maar terwijl ze het groene mondkapje voordoet zie ik haar ogen vochtig worden.

Zij draait zich om en kiest, onzeker rommelend, een tandsteenhouweeltje.

– Is er iets? vraag ik vaderlijk, terwijl ik mijn mond opensper.

– Er is niets, zegt ze en ze begint, harder dan anders, achter mijn tandvlees te peuren.

Wij zwijgen. Buiten knerst een tram en ik moet flink zijn want zij huilt. Ik leg mijn rechterhand op haar linkerbovenarm.

– Zeg het maar, pleit ik als zij even uit mijn mond is; zeg maar wat er aan de hand is.

Ze gaat rechtop zitten en trekt het kapje naar beneden.

Ze draagt een groen kabouterbaardje, denk ik tegen mijn zin.

Dan grijpt haar rechterhand, met de tandtang er nog in, mijn jasje vast en snikt ze: deze mijn echtgenoot is overleden.

Verstomd kom ik overeind.

– Jezus kind nou toch, stamel ik.

– Hij kreeg twee maanden een hartaanval. Deze is mijn eerste dag dat ik weer werk doe.

Het is lang geleden dat ik zo een vrouwenschouder kneedde.

– Waar kom je vandaan? vraag ik dan maar.

– Uit Iran, zucht zij leeg; ik heb hier geen andere mens dan deze mijn man.

Ik zie een boeket paarse lathyrus in cellofaan en met een kaartje eraan op haar bureautje liggen en ik begin bezwerend te raaskallen over het leven dat doorgaat, dingen die zo hebben moeten zijn en dat zij nog jong is.

– Dank u wel, zegt zij hol.

We laten elkaar langzaam los en hernemen de behandelpositie.

Ik kan nu niet meer vragen hoe zij heet.

Haar zielsbedroefde ogen staren moedeloos in mijn wijde mond rond.

Dan vallen daar twee tranen in. Drie. Vijf. Zij schrikt en deinst en zucht een verstikte verontschuldiging.

– Spoelt u maar even, fluistert ze.

– Nee, zeg ik. Ik kijk haar aan en laat mijn adamsappel tweemaal extra op en neer gaan.

9

Na een bocht in de weg en op het heetst van de dag stapt er vanuit de berm een bruine hond voor mijn auto. Voor de rest valt er in de kurkdroge omtrek geen levende ziel te bekennen. Dit is Frankrijk, maar de situatie is zo Spaans desolaat dat ze doet denken aan Buñuel, die deze scène zag als het ideale openingsbeeld van een speelfilm: eenzame blinde man komt van heel ver op camera toegelopen, met zijn stok tastend langs rand van lange stoffige weg.

Ik stop en stap uit. De hond blijft staan. Zo ontspannen mogelijk, mij stroperig bewegend, loop ik op hem toe. Het dier is te moe om mij te wantrouwen. Het piept en likt mijn handen; ik ben zijn laatste strohalm. Als ik hem op zijn kop en achter zijn oren krauw, voelt het of ik in een pot met bruine bonen graai. Ik strijk zijn vacht opzij en tel tientallen, nee honderden teken, in alle stadia van volgezogenheid.

Ik drink het zelf niet, maar verbruik een fles jenever per jaar om mijn hond en poezen te verlossen van deze weerzinwekkendste aller schepsels.

Met behulp van een in de bols gedrenkte tissue de teek lichtjes rillend van afgrijzen tussen duim en wijsvinger nemen en met een venijnig rukje uit de huid van het huisdier trekken. Controleren of de kop er niet in is blijven zitten – dan ziet u tien nog naspartelende pootjes – want in dat geval schijnen ze weer aan te groeien tot dezelfde bloedballonnetjes.

Officiële honden krijgen hier een nummer in hun oor getatoeëerd, waarmee je de eigenaar kunt achterhalen, maar in deze fluwelen schelpen zie ik niets. Wel draagt hij een lang geleden uitgewerkte, rode plastic vlooienband, dus iemand heeft ooit om het dier gegeven. Wanneer hij mij zonder tegenstribbelen in zijn bek laat kijken, zie ik een jong en gezond gebit. Alleen van de lange snijtand linksonder is een stuk afgebroken.

Ik krijg een nobel gevoel en wanneer ik de schurftige bruine zwerver achter in mijn auto til voel ik mij de menggedaante van Martin Gaus, Jack London en Franciscus van Assisi.

Hij spartelt geen seconde tegen, maar gaat met zijn laatste adem braaf liggen hijgen.

Aan de uiteinden van de vlakte waarop wij elkaar hebben ontmoet liggen, met een tussenruimte van zo'n kilometer of vijf, drie dorpjes van zeven huizen. Ik werk ze een voor een af.

Parkeer mijn auto voor het bankje met de oudste inwoner erop en vraag hem of hij even een blik door mijn achterruit wil werpen. Niemand kent mijn hond of toont medelijden; zwerfhonden en wilde katten horen bij deze streek zoals buizerds en zwijnen en alleen wanneer het een hond is die 'pour la chasse' zou kunnen dienen, willen de mannen nog wel eens belangstelling tonen.

Ik zit dus met een hond. Een vrouwtje. Maar ik heb al een vrouwtjeshond, thuis in Holland. Dus wat moet ik hiermee.

Ik stop bij een routier, waar zij in een hels tempo vier bakken water leeglebbert en dan zet ik koers naar het stadje Saint J. Daar zetelt een aardige Belgische dierenarts, die de vondeling op amper een jaar oud schat. En te oordelen naar de lading teken en zijn afgesleten nagels is hij al minstens drie weken onderweg. Ik krijg een antitekenspray en een shampoo waarmee ik haar driemaal van kop tot staart moet wassen. En als ik haar kwijt wil, adviseert de dierenarts, moet ik ervoor zorgen dat zij binnen drie dagen is ondergebracht bij een asiel, want anders raken de vreemde hond en de nieuwe baas te zeer aan elkaar gehecht.

Hij heeft gelijk, dat voel ik nu al. Zoals je niet te lang naar een al te mooi meisje durft te kijken, uit angst onmogelijk verliefd te worden, zomin durf ik mijn zwerfhond in haar ogen te zien. Terwijl het dier niets liever wil. Likt om de minuut mijn handen, wijkt geen decimeter van mijn zijde.

De dierenarts zal een verklaring voor mij schrijven, waarin staat dat ik deze hond eerlijk heb gevonden.

In deze vakantiemaanden komt het namelijk nogal eens voor dat Fransen hun eigen hond, als zijnde een langs de weg gevonden exemplaar, in het asiel afgeven. Om deze praktijken te ontmoedigen dient men een bedrag van driehonderd francs te betalen, om het dier in een 'fourrière' geplaatst te krijgen. Het lijkt mij geen oplossing die het oppakken en afleveren van zwerfhonden zal bevorderen, maar een andere maatregel tegen het wegdoen van huisdieren zou ik niet kunnen bedenken. Of het zou de herinvoering van de guillotine moeten wezen, waar het betrapte baasje met zijn hoofd op moet gaan liggen. Wij doen haar de vlooienband af en de dierenarts heeft halsbanden en riemen te koop en buiten blijkt zij te hebben onthouden welke auto van mij is. Schichtig springt zij achterin, waar zij zich onzichtbaar tracht te maken.

Op het terras voor mijn vakantiehuisje laat zij zich gewillig ontteken, beschuimen en bespuiten met de tuinslang, terwijl zij voorbijgangers toeblaft dat zij niet het lef moeten hebben een vinger naar mij uit te steken of een voet op ons terrein te zetten.

Zij wil niet eten, maar drinkt nog vijf bakken water. De dierenarts had gezegd dat het in haar uitgedroogde staat nog wel een paar dagen kon duren voor zij opnieuw urine zou beginnen te produceren, dus laat ik haar met een gerust huisvrouwenhart op een oude trui naast mijn bed slapen. Een tweede kamer heb ik hier trouwens niet. Snel het licht uit om haar onafgebroken naar mij opgeslagen ogen niet te hoeven zien.

Er volgt een rustige nacht, waarin ik maar driemaal wakker word; alleen van haar verzaligde zuchten.

De spa (la Société pour la Protection des Animaux) beheert een asiel in Béziers. Na het ontbijt (zij houdt verbaasd van Hollandse kaas) gaan wij samen op weg. Is dat even boffen. Neemt de nieuwe baas haar ook nog gezellig zomaar mee uit rijden.

Buiten Béziers verwijst een handgeschilderd bordje met spa naar een voormalige schokbrekerfabriek, waaruit een onweer van geblaf komt aangebulderd.

Ik laat mijn vriendin voor 1 nacht zolang achter in de auto, ga het gebouw binnen en zoek mijn weg door de van een allesdoordringende pislucht vergeven straten vol gazen hokken. Het ziet er verzorgder uit dan ik vreesde; op de onderdelen ruimte en hygiëne doet deze fourrière niet onder voor het gemiddelde Hollandse asiel.

De beheerster heeft een lief maar vertrokken gezicht in een permanent scheefgehouden hoofd dat zijn uiterste best doet om onder het geen moment aflatende geblaf te verstaan wat er gezegd wordt.

Ik roep haar toe wat mij is overkomen, laat haar de anti-tekenspray en de restjes shampoo zien en de rekening en de verklaring van de dierenarts en prop, duidelijk zichtbaar, een gift van tweehonderd francs in de schoorsteen van een daartoe op de balie geplaatst miniatuur hondenhok; waarna ik bescheiden rechtop ga staan om mij haar woorden van dank en bewondering voor mijn gouden hart te laten aanleunen.

Maar dat valt tegen.

Waarom heb ik de hond niet afgegeven in het dichtstbijzijnde dorp? Dat staat in de wet! Ieder Frans dorp is verplicht om de op haar grondgebied aangetroffen zwerfdieren onder te brengen in een eigen asiel.

Maar ze hadden daar geen asiel mevrouw en niemand kende deze hond!

Nee natuurlijk hadden ze daar geen asiel! Ze hebben nergens een asiel, maar dan had u moeten zeggen dat ze in gebreke waren en dan had u het dier desnoods op de mairie moeten achterlaten. C'est la loi monsieur! Maar niemand luistert! Alleen wij hier, in Béziers! Wij zitten hier met al die zwervers opgescheept! Nou vooruit: wij zullen haar opnemen, maar laat het geen tweede keer gebeuren!

Nee mevrouw.

In een dictaatcahier noteert zij de gegevens van mijn hond en mijn tijdelijk adres en telefoonnummer.

Dan lopen wij naar mijn auto. Ik doe de achterklep omhoog, pak de riem en geef hem zo snel mogelijk aan de directrice van het SPA-filiaal.

– Bonne vacances monsieur, zegt zij. De hond springt tegen mij op, maar de vrouw trekt haar geroutineerd ondersteboven en met zich mee.

Ik had natuurlijk meteen in mijn auto moeten stappen om zo hard mogelijk weg te rijden, maar ik kan niet anders dan hen na blijven kijken.

De hond houdt haar al zo vertrouwde kop ongelovig naar mij omgedraaid. Dan opent zijn nieuwe bazin de gevangenisdeur en ziet, hoort en ruikt het dier hoe de circa honderd honden op de binnenplaats hier iedere nieuwkomer begroeten. Ik zie haar verbijsterd verstijven: Buster Keaton die dacht dat hij veilig was, een straathoek omslaat en duizend agenten tegenover zich ziet geposteerd.

En nu het happy end.

Vijf dagen later word ik opgebeld door de bazin van het SPA-asiel. Zij heeft een meneer naast zich staan die net zo'n labradorsetterwolfshondachtig type is kwijtgeraakt; vier weken geleden, toen het dier loops was. Quand elle avait la chaleur. En kunt u deze meneer wellicht vertellen waar u de hond die u hier heeft afgegeven precies zag lopen?

Nou en of ik dat kan en wil en doe en zal!

De man neemt de hoorn over. Hij klinkt onzeker. Het kan haar zijn, zijn hond, maar in vier weken en op deze leeftijd veranderen ze natuurlijk razendsnel. En zo door het gaas heen lijkt het haar wel, de kleur klopt, ogen zijn het zelfde, maar zij geeft geen seinen van herkenning, monsieur.

– Had u haar een vlooienband omgedaan? vraag ik, als een veer zo gespannen.

– Jawel, maar die draagt zij niet.

– Was hij rood, die vlooienband?

– Misschien meneer. Blauw, groen, rood; dat weet ik niet meer.

Fotoscherp zie ik plots haar kop voor mijn ogen. Ik klap in gedachten haar bek open en vraag: had ze linksonder een tand waar een stuk van af was? Cassé? Oui?

– Ja, zegt de man; altijd met stenen spelen, deed ze.

17

– Kunt u dan misschien even kijken? vraag ik vanonder mijn volle zweetsnor.

Stilte. Dan passeert er in Frankrijk altijd een geel Renaultje van de Posterijen. Ik hoor geblaf, schreeuwstemmen, het piepen van hekken en sloten.

– Monsieur?

Daar is de man weer terug.

– Oui? vraag ik.

Maar ik weet het al.

– C'est elle! Hij schreeuwt het.

GEVONDEN GELD

In een periodieke aanval van zuinigheid haal ik
op de badkamer een door mijn vrouw wegge-
gooide, lege tube tandpasta uit de pedaalemmer.
Ik knip hem open, wrijf er mijn tandenborstel
doorheen en loop overdreven poetsend naar de
huiskamer, waar ik haar verwijt dat zij een gat in
haar hand heeft.
Vervolgens ga ik naar mijn eigen kamer, die
ik woest begin op te ruimen.
En laat ik in een vergeten la vol gebruiksaan-
wijzingen, verzekeringsformulieren, prentbriefkaar-
ten en garantiebewijzen nou een oud spaarbankboekje van de Nutsspaarbank vinden!
Als ik me maar kwaad maak.

De vader van mijn vader deed het mij cadeau
toen ik één werd en de eerste inleg was 25 gulden.
Toen ik vijftien was noemde ik mij Cees van
Kooten, zie ik aan de doorgehaalde Handteekening van den Inlegger.

De spaarbankboekjes worden **KOSTELOOS** verstrekt en zijn aan alle kantoren gangbaar.

Geen inleg mag minder dan **TIEN CENTS** bedragen.

Inleg of terugbetaling k.. ....rden, behoudens beroep op h.. ....

De rente bedraagt 2/.. ... . over bedragen, afgerond in heele gulsens.

De rente gaat in den dag volgende op dien van den inleg en houdt op den dag, vóór dien der terugbetaling.

Jaarlijks **vanaf 2 Januari** kan men in de spaarbankboekjes de rente doen bijschrijven.

Bij geheele afbetaling wordt de te goed zijnde rente dadelijk bijgeschreven.

TERUGBETALING op spaarbankboekjes vindt plaats :

I. Zonder voorafgaande opzegging, indien de som niet meer bedraagt dan *f* 500,—.

II. Met voorafgaande opzegging :

a. van zeven dagen voor sommen boven *f* 500,— tot en met *f* 1.000,—.

b. van veertien dagen voor sommen boven *f* 1.000,—.

Op eenzelfde spaarbankboekje kan binnen een tijdvak van zeven dagen zonder opzegging niet meer dan *f* 1.000,— worden terugbetaald.

Opzegging moet geschieden aan een van de kantoren van de spaarbank, met opgaf van het nummer van de spaarrekening en van het kantoor waar terugbetaling verlangd wordt.

De opzegging vervalt, wanneer het geld niet op den bepaalden dag in ontvangst is genomen.

Door het invullen van een volmacht, die **gratis** verkrijgbaar is, kunnen inleggers een ander de terugverlangde som doen ontvangen.

De gemachtigde moet zijn naam kunnen schrijven.

———

SPAARBUSJES. Deze worden op verlangen **kosteloos** in bruikleen gegeven aan ieder, die een spaarbankboekje heeft of neemt met een inleg van ten minste **één gulden.**

De busjes worden slechts geopend onder overlegging van het bijbehoorende boekje.

De busjes moeten ten minste eens per zes maanden ter opening worden aangeboden.

BEWAARNEMING. Voor inleggers worden spaarbankboekjes en effecten in bewaring genomen en bemiddeling verleend tot aankoop. **Zie vervolg achterkaft.**

No. 272054

8809 69776

Cornelis Reinier
van Kooten

wonende ~~Keesomstraat 179~~
Loostraat 17

Handteekening van den Inlegger:

Geboren 1 augustus

[handtekeningen]
C.R. KOOTEN

Van de Nutsspaarbank kreeg je een koperen spaarbusje in bruikleen, om ooms en tantes onder hun neus te houden. Als mijn busje lekker zwaar was en doffig rinkelde (of juist nauwelijks meer rammelde maar massief klokte, wat betekende dat er zich nogal wat papieren guldens en rijksdaalders tussen de munten hadden genesteld), ging ik ermee op de fiets naar het hoofdkantoor, op de Haagse Riviervischmarkt. Ik had ook naar het bijkantoor op de Escamplaan kunnen gaan, maar het hoofdkantoor was niet alleen veiliger, maar vooral feestelijker.

Bovendien had mijn grootvader er zijn eerste inleg gestort en werd hier het sleuteltje van mijn spaarbus bewaard. De kassiers van 'De Nuts' waren erop getraind om alle tijd te nemen voor de kleine spaarder. Wanneer zij de uitgeschudde inhoud van je geelkoperen schatkist in ogenschouw namen, klakten zij bewonderend met de tong. Fluitend tussen hun tanden telden zij jouw eerlijk gekregen geld, waarna een heftig ratelend machientje het trotse nieuwe saldo in je langwerpige spaarbankboekje bijschreef.

Ik zie dat er op 9 augustus 1948 een terugbetaling van vijfenzestig gulden heeft plaatsgevonden. Zo'n enorm bedrag kon een jongen van zes natuurlijk nooit opnemen. Dat moet het werk van mijn vader zijn geweest. De volgende dag werd ik zeven en ik weet zeker dat ik toen mijn eerste fietsje kreeg. Dus dat karretje heb ik destijds uit mijn eigen zak betaald, realiseer ik mij een halve eeuw later!

OMSCHRIJVING		DATUM	VORIG SALDO	IN L&G	TERUG-BETALING	TE GOED	NUMMER BOEKJE	PARAAF
Eerste Inleg	1	1 AUG-47		* 2500		* 2500	272054	
	2	11 AUG-47	2500	* 1000		* 3500	272054	
	3	-1 DEC-47	3500	* 500		* 4000	272054	
	4	28 DEC-47	4000	* 500		* 4500	272054	
	5	-2 MRT-47	4500	* 500		* 5000	272054	
	6	5 MRT-44	5000	* 220		* 5220	272054	
	7	11 APR-45	5220	* 260		* 5480	272054	
	8	11 APR-45	5480	* 005		* 5485	272054	
	9	11 APR-45	5485	* 500		* 5985	272054	
	10	20 SEP-45	5985	* 600		* 6585	272054	
RENTE t/m 1947	11	20 JAN-48	6585	* 436		* 7021	272054	
	12	-9 AUG-48	7021		* 6500	* 521	272054	
RENTE t/m 1949	15	16 NOV-48	521	* 479		* 1000	272054	
	16	26 JUL-50	1000	* 125		* 1125	272054	
	17	26 JUL-50	1125	* 900		* 2025	272054	
RENTE t/m 1951	18	20 OCT-52	2025	* 237		** 22.62	* 272054	
	19	20 OCT-52	22.62	* 0.79		* 23.41	272054	
	20	-1 OCT-56	23.41	* 224		* 25.65	272054	
RENTE t/m 1956	21	-1 OCT-56	25.65		* 2000	* 565	272054	
RENTE t/m 1961	22	20 OCT-56	565		* 450	* 1.15	272054	
	23	23 X 63	*** **1,15	*** **0,16		* *** **1,61	**272054	
	24	23 X 63		*** **0,18		* *** **1,79	**272054	
	25	23 X 63		*** *60,00		* *** *41,79	**272054	
	26	12 XI 63	*** **41,79	*** 100,00		* *** 141,79	**272054	

Opgewonden lees ik verder.

Het saldo kabbelt kalmpjes op en neer. Alleen de jaarlijkse rentebijschrijving veroorzaakt een lichte deining. Maar vanaf 1963 gaat het in golven: binnen een half jaar tijd tel ik drie stortingen van honderd gulden!

Ik weet weer hoe dat komt. 's Zomers oberde ik in een strandrestaurant en ik had voor tweehonderdvijftig gulden mijn eerste auto gekocht;

een DKW met drie cilinders en op de hoek van
de Riviervischmarkt en de Jan Hendrikstraat had
de Nutsspaarbank een drive-in loket geopend en
daar kon ik, dankzij de fooien en stationair
draaiend, achteloos deze spectaculaire stortingen
doen.

Het hoogste saldo dat ik ooit bereikte bedroeg
fl. 1.024,53. Tien februari 1970. Toen waren wij
twee jaar getrouwd en heb ik duizend gulden opgenomen, zie ik. Achtmillimeterfilmprojector? Dual
versterker? Gouden armband? Kwam er nog wat
rente bij, bleef er fl. 55,72 staan.

Tien jaar later, op 26 februari 1981, heb ik om een onnaspeurlijke reden nog één keer een storting van fl. 100.– gedaan en sedertdien is er, onbeweeglijk, een totaal saldo van fl. 191,06 blijven staan.

De volgende morgen ga ik met het bruine, vervilte spaarbankboekje op weg naar Den Haag, om mijn moeder te vragen of de Nutsspaarbank nog bestaat. Zij denkt van wel. Bij haar in de buurt, aan het einde van de Frederik Hendriklaan, was nog een bijkantoor.

– Kunnen we dat lopen?

– Als je me maar een arm geeft.

– Ik heb toch twee van zulke prachtige kussen-tjes zien liggen, zegt mijn moeder, als we op weg zijn.

– Waar?

– Voor op de bank.

– Nee maar waar heb je die zien liggen?

– O bij Jan Huizer, wat vroeger die uitdragerij was.

– Daar komen we toch langs?

– Nee je doet het niet hoor, ik wil het niet heb-ben.

– We kunnen toch even vragen wat ze kosten?

– Echte persjes zijn het, zegt Jan Huizer, als mijn moeder en ik elk met een niet onaardig maar nogal plat en weerbarstig kussentje in onze handen staan.

– En wat moeten ze kosten? ding ik af.

Jan Huizer kijkt even schichtig om zich heen en zegt: een geeltje.

– Met z'n tweeën, begrijp ik.

– Nee per kussentje, zegt Huizer verontwaar-digd; anders leg ik erop toe. Zijn schitterende kussentjes hoor. Die verslijt je nooit van je leven.

– Man, ik ben vijfentachtig, zegt mijn moeder; ik dacht gewoon twee leuke kussentjes voor waar de bank een beetje kaal is.

Maar ik ga toch zeker geen antiek kopen!

– Is die Nutsspaarbank er eigenlijk nog, op het eind van de laan? vraag ik onze antiquair.

Hij wil de kussentjes weer uitnodigend in zijn etalage vlijen en bevriest nadenkend in gebogen houding. Wij kennen elkaar al jaren en als mijn vader langskwam maakten ze vaak een praatje.

– Nee wacht 's, peinst hij hardop; de Nutsspaarbank, de Nutsspaarbank: dat is toch de VSB geworden? Die zitten op de hoek van het tweede blok.

– Mijn zoon hier komt zijn spaarbankboekje inleveren, zegt mijn moeder tegen de eerste de beste functionaris van de VSB-bank; hij woont in Hilversum, dus hij heeft het niet meer nodig.

Dan gebeurt er iets ongelofelijks.

Ik overhandig een drieënvijftig jaar oud spaarbankboekje van een niet langer bestaande bank en de man achter het loket verblikt of verbloost niet, vraagt niet om mijn legitimatie, tikt het nummer van mijn boekje op zijn toetsenbord, kijkt zonder zijn voorhoofd te rimpelen naar de monitor, verricht nog een groot aantal typehandelingen, allemaal even probleemloos, vraagt dan hoe ik mijn geld wil hebben, ik zeg dat ik het contant prefereer en dan betaalt hij mij geen fl. 191,06, maar liefst fl. 274,62 uit en wenst ons verder een prettige dag! En nadat hij er twee fraudebestendige hapjes uit heeft genomen met

26

een perforator, mag ik mijn oude boekje ook nog meenemen!

– Nu gaan wij eerst een cappuccino drinken op dat terras daar, zeg ik tegen mijn moeder.
– Ben je gek, sputtert zij tegen; ik heb thuis nog koffie van vanmorgen staan!
Maar als we eenmaal zitten, in de zon en uit de wind, wil zij er eigenlijk best een appelgebakje met slagroom bij.

– Ik geef je veertig gulden voor die twee kussentjes, zeg ik een half uur later streng tegen Jan Huizer.
– Omdat je vader zo'n beste man was, zucht hij en hij plukt ze weer voor zijn raam vandaan.
Thuis legt mijn moeder de nieuwe aanwinsten eerbiedig op haar driezitsbank en van een afstandje bekijken wij samen hoe mooi ze wel niet staan.
Dan gaan wij er elk op eentje zitten.
– Weet je hoe dat heet, wat jij bent? vraagt mijn moeder, met haar kruiswoordgezicht.
Ik schud langzaam mijn hoofd. Als ze maar niet sentimenteel wordt.
– Jij bent gewoon je reinste rentenier, zegt mijn moeder.

De situatie is klassiek. Iemand stapt een platenzaak binnen met in zijn hoofd een melodie die
er al dagen niet meer uit wil. Hij wordt er gek
van. Hij moet dat nummer op vinyl of op cd
hebben, koste wat het kost. Anders slaapt hij niet
meer. Maar hij weet de titel niet en evenmin de
naam van de uitvoerende artiest. Dan moet hij
het wijsje of wat hij daarvan nog heeft onthouden in de winkel zachtjes aan iemand voorzingen; een andere oplossing is er niet.

Ik zette op een middag de televisie aan zonder
erbij na te denken. Niet om wat te zien, maar
om iets te horen. Het gaf even niet wat. Gemak-
zuchtig gebruik je je dure televisietoestel als radio. Onze oude radio heeft geen afstandsbedie-
ning en dan is het handiger om even de televisie
aan te zetten.

Wanneer je vervolgens iets aardigs hoort, bekijk je met een half oog het beeld, tot je dat na
tien seconden verveelt en dan zet je de televisie
weer uit.

Dus het was half vier 's middags, zo'n tijd van niks, ik zette de televisie aan en liep meteen weer weg, naar de keuken, want ik had op het zelfde moment besloten de planten water te geven. Never a dull moment.

In de keuken vulde ik mijn gietertje, mikte er een dopje vloeibare Pokon bij en liep terug naar binnen. Mijn tuitje boog zich al over de kerstster van voorvorige kerstmis toen ik het bewuste lied hoorde. Wat was dat voor een prachtig muziekje? Ik liet mijn gieter zakken, zapte het televisiegeluid harder en ging kopje onder in een onbekend Frans chanson.

In beeld waren een mooie jongen en een precies even mooi meisje.

Zij stonden in een wilde tuin, naast elkaar, achter een lange houten tafel. Een lichtjes hese mannenstem zong een lied dat door de twee gelieven, want die speelden ze, met allertederste gebaren werd ondersteund. Langzaam begreep ik dat die jongen en dat meisje de doventaal hanteerden of wie weet zelf wel doof waren en dat dit een videoclip was: zowel bedoeld voor horenden als voor niet-horenden.

Er speelde ook nog een oude Franse boerin in mee, die onder een kastanjeboom wijdbeens op een accordeon zat te spelen.

Het was allemaal zo welluidend en oogstrelend dat ik gehaast naar een bruikbare video-

29

band begon te zoeken maar er stond natuurlijk weer niet op de ruggen van de doosjes geschreven of er iets belangrijks op de cassette stond en net toen ik had besloten om dan maar als de donder een oud eigen programma in de recorder te ploppen klonken de laatste meeslepende walsmaten die overgingen in de irritante pingel van het reclameblok en was de droom voorbij.

Ik bladerde panisch door de gids, maar de programmagegevens gaven geen uitsluitsel. Het zou wel een pauzefilmpje zijn geweest. Dus begon ik het wijsje met gesloten ogen na te neuriën zoals je, ergens onderweg naar een wandtoestel, voor de duur van het loopje een zojuist geciteerd telefoonnummer probeert te onthouden. De enige regel die ik uit het refrein had weten op te pikken luidde: 'non je ne me souviens plus le nom du bal perdu' en het leek mij niet onwaarschijnlijk dat 'Le Bal Perdu' de titel van het chanson zou zijn. Maar wie was de zanger? Van Brel ken ik het meeste wel. Brassens? Daarvoor had het te vloeiend geklonken. Claude Nougaro dan misschien? Serge Reggiani? Mijn vrouw kwam thuis en ik zong het haar voor: non je ne me souviens plus le nom du bal perdu.

– Aznavour? vroeg ze, plichtmatig geïnteresseerd, terwijl ze het boodschappenkarretje begon leeg te tillen. Nee, absoluut niet. En ook geen Julien Clerc of Patrick Bruel; daar had het te oud voor geklonken.

30

Bij het inslapen had ik haar nog, maar toen ik wakker werd was ik de melodie kwijt. Onder de douche kwam zij gelukkig terug.

Non je ne me souviens plus le nom du bal perdu. Et c'était bien, et c'était bien, et c'était bien.

De bedeesde dictie had op de manier van zingen van Juliette Gréco geleken, maar het was een man geweest, dat wist ik zeker. Marcel Amont? Serge Lama? Claude François? Léo Ferré?

Ik trok mijn ribfluwelen broek aan en mijn zwarte coltrui en ik wandelde al repeterend naar de platenzaak in ons dorp.

Ik had gehoopt zijn energieke bediende in de winkel te treffen maar ik zag alleen de baas; met wie ik nog eens vreselijk overhoop heb gelegen omdat ik hem een jaar geleden van achteren heb aangereden, toen ik opzij keek omdat ik een bekende zag lopen. Het was een minuscuul deukje maar die kerel ging zo overdreven tekeer dat ik geen zin had om 'non je ne me souviens plus' tegen hem te gaan staan zingen. De bekende die ik dacht te zien lopen bleek achteraf een wildvreemd meisje, dat nog als getuige is opgetreden.

Ik ging terug naar huis en belde drie vrienden. Door de telefoon zingt het makkelijker. Ze kenden het chanson geen van drieën, maar vriend drie vroeg of ik het fragmentje nog een keer wou voorzingen, zweeg toen tien seconden en veronderstelde dat het Mouloudji wel eens kon zijn. Meteen toen die naam was gevallen wist ik het zeker. Mouloudji! Natuurlijk!

Mouloudji was het geweest! Hij raadde mij aan naar Amsterdam te gaan, naar Concerto. En daar te zoeken in de bakken met tweedehandsplaten.

Ik stapte op de trein en koos een eersteklascoupé om, van de langszoevende kantoren genietend, ongestoord 'non je ne me souviens plus' te kunnen zingen.

— Meneer is in een vrolijke bui, concludeerde de binnenstappende conducteur.

— Houdt u van Franse chansons? vroeg ik, klaar om mijn hamvraag op hem los te laten. Nee, hij hield alleen van Public Enemy.

Concerto was dicht.

Toen ging ik naar Fame, het grootste platenpaleis van Amsterdam. Ik kwam er voor het eerst en begreep dat een stukje voorzingen hier niet mogelijk zou zijn. Ik begon op goed geluk door de cd-allees te dwalen, in de hoop een personeelslid van mijn eigen leeftijd tegen te komen. Toen zag ik een middelbare dame in een streng mantelpak en met een kladblok, die razendsnel door de zeeën cd's heen vingerde.

Eerst keurig excuses gemaakt, toen langzaam

en nauwkeurig voorgezongen waar ik naar op zoek was.

Ik had mijn ene regel intussen heel aantrekkelijk gearrangeerd en wist de maatjes rust welluidend op te vullen: non je ne me souviens plus le nom du bal perdu, pom pom pom, le nom du bal perdu, pam pam pam, le nom du bal perdu, pam pom piem. En ik bleef die mevrouw netjes aankijken, wat zij helemaal niet eng vond en dat was het ook niet. Maar toen ik was uitgezongen zei ze dat zij hier helemaal niet werkte en ook maar een gewone klant was en dat ik mij het beste tot de informatiebalie kon wenden en zij wees mij de richting, hemelsbreed.

Onderweg nog twee keer moeten informeren waar de informatiebalie was, maar ik kwam er terecht.

Een hypersnelle jongen tikte 'Le Bal Perdu' in zijn computer, maar dat leverde niets op. Van Mouloudji had hij vanzelfsprekend nog nooit gehoord en dat nam ik hem ook niet kwalijk. Maar ze hadden zelfs geen cd van hem in huis.

– Wat is dat dan voor muziek? wilde die jongen eigenlijk niet weten.

– Het gaat om een chanson*, zei ik.

– Is dat klassiek?

– Nee gewoon, Franse chansons.

– Franse sjansons?

– Ja.

33

– Hoe spel je dat? vroeg hij, zijn wijsvingers boven het toetsenbord gespitst.

De volgende morgen nam ik de trein naar Parijs.

Toen ik mijn vriendin in 1963 voor het eerst meenam naar Parijs, liet ik ons voor de Notre-Dame kieken door een straatfotograaf die onmiddellijk na het afdrukken vroeg of ik twee of vier exemplaren van die foto wilde hebben.

– Quatre, zei ik routineus en toen mijn toekomstige vrouw mij 's avonds schuchter vroeg waarom ik niet gewoon 'Un' had geantwoord, omdat we nu met vier dezelfde foto's zaten die tezamen tachtig francs hadden gekost, zodat we een dag eerder naar huis moesten, waar we de overbodige exemplaren aan niemand cadeau konden geven omdat onze ouders niet eens mochten weten dat wij tweeën naar Parijs waren gereden, antwoordde ik dat dit Parijs was en dat bepaalde dingen hier nu eenmaal zo gingen en geloofde zij mij.

Ik was hier immers al eerder geweest, wat ik demonstreerde door haar aan mijn hand tientallen kilometers langs steeds leger wordende boulevards te voeren, haar intussen belovend dat wij

een heel aparte wijk gingen bekijken en gaandeweg steeds verontwaardigder mopperend dat ze
dit stadsdeel schandalig en totaal onherkenbaar
verbouwd hadden; om ten einde raad vanuit een
desolaat buitenwijkstation met de laatste metro
terug te zoeven naar ons vertrouwde Saint-Ger-
main des Prés.

Toen wij vijfendertig jaar later de trappen van
het metrostation Madeleine afdaalden, werden
wij onderaan staande gehouden en omsingeld
door zeven opgewonden zwarte dertigers op snel-
le marathonschoenen.

Twee van hen hielden elk van ons plechtig
een plankje voor waarop, onder twee vuile elas-
tiekjes, een groen papier zat gespannen.

– Waren wij buitenlanders?

– Jazeker heren.

– Dan hadden wij geluk, want dan mochten wij
meeprotesteren.

– Waartegen?

Tegen de honger die de kinderen in Ruanda
leden. Wisten wij van de situatie in Ruanda?

Nou en of wij dat wisten.

Daarom. Het was een gruwel. Kijkt u maar:
hier staat de naam van een Engelsman, dit zijn
de handtekeningen van een Zwitsers echtpaar en
deze meneer was een Braziliaan. En wat spreekt
u knap Frans.

– Dat gaat, zeg ik.

Boven aan de smoezelige petitie staan vier flets gekopieerde regeltjes tekst met de vetgezette woorden FAIM en NOS ENFANTS en in de uiterst rechtse kolom hebben de aangehouden toeristen zelf hun gift mogen noteren. Tweehonderd francs, honderd francs, vijftig francs, zie ik in de gauwigheid staan.

– Vijftig francs is het laagste, zegt mijn vrouw verbaasd.

Ze dringen nu met zijn zevenen in een kring om ons heen en wij zijn de kleinsten. Andere passanten zien ons niet eens meer staan. Ik vermeld braaf mijn land van herkomst, plaats een met opzet onleesbare handtekening en vul een bedrag in van Tien Francs.

De zeven Ruandezen protesteren en willen mijn armzalige gift eerst niet accepteren.

– Aussi la maman! roept er eentje woedend, dus tover ik nog een tienfrancstuk uit mijn achterzak.

Maar twee anderen spugen scheldend voor onze voeten en dan weten wij het zeker.

Het knappe van hun geldklopperij zit hem in de schijn van openheid: je mag helemaal zelf je adres invullen en je handtekening zetten en eigenhandig noteren welk bedrag je hebt gegeven. Dus je denkt even dat er voor jouw collectant niets anders op zit dan het opgehaalde bedrag 's avonds tot de laatste centime af te dragen. Precies zoals de keurige mevrouwen van de kankerbestrijding dat bij ons in Nederland doen.

Maar wie beheert hier in Parijs de Stichting Eten voor Kinderen in Ruanda?

Dat wordt duidelijk wanneer wij schuinsboven voor ons twee Parijse agenten de trap zien afdalen en de bewogen Ruandezen zich als pijlen zo snel verspreiden in vier verschillende metrogangen.

De oudste flic tikt aan zijn pet. Goedendag mevrouw meneer.

– Hallo agent.

– Vroegen zij weer om geld voor Ruanda?

– Welzeker agent.

– Hoeveel heeft u die types gegeven?

– Niets van alles agent.

– Bravo meneer. Het is namelijk een bende uit Nigeria.

Heerlijk gegeten die avond.

---

* en de volgende morgen scoor ik, in een platenzaak op de Boulevard des Italiens, het geheimzinnige 'non je ne me souviens plus'. Het nummer heet *c'était bien* en werd in 1961 opgenomen door Bourvil!

MARQUET? MARQUET!

Vijf jaar geleden zag ik in de Hermitage te Sint-
Petersburg twee Parijse stadsgezichten hangen
van een zekere Marquet. Ik had nog nooit van
deze schilder gehoord, maar ik was meteen verkocht. Elke keer als ik in Parijs ben, zei Flaubert,
voelt dit als een vriendin van vroeger die tegen
je zegt: dan had je maar met me moeten trouwen. Wie van Parijs houdt, voelt die liefde dubbel zo hevig wanneer hij de stad ziet weergege-
ven op de manier die hij zelf zou hebben gekozen, gesteld dat hij had kunnen tekenen of schil-
deren.

Met het Parijs van Utrillo heb ik nooit een
band gehad, zomin als ik mij ooit heb thuis gevoeld op de uitgelaten schilderijen die Raoul
Dufy van de boulevards maakte. En in de hoeki-
ge doeken van Bernard Buffet herkende ik 'mijn
Parijs' al helemaal niet.

Maar staande voor die twee kleine Seine-scè-
nes van Marquet rook ik de vertrouwde melange
van nat asfalt, gietijzer en bomen in het najaar

39

en in het zwarte mannetje dat zich daar langs de kademuur haastte wilde ik graag mijzelf herkennen.

'Ik heb nou toch een schilder ontdekt!' ben ik na zo'n emotie geneigd rond te bazuinen, terwijl het omgekeerde natuurlijk het geval is – zo'n nieuwe schilder/schrijver/zanger heeft mij ontdekt en dwingt mij zijn hele oeuvre te leren kennen. Een mens zou zich veel vroeger moeten realiseren waar het allemaal te laat voor is.

Na thuiskomst vroeg ik aan een vriend, de beeldend kunstenaar H., of hij wel eens van de schilder Marquet gehoord had. Dat moet net zo onnozel hebben geklonken als wanneer ik een musicus zou hebben gevraagd of deze wellicht een zekere componist Franck kende. Gelukzalig glimlachend troonde H. mij mee naar zijn boekenkast en trok er drie werken over de Franse schilder Marquet tussenuit.

'Typische painter's painter,' zei hij.

Albert Marquet leefde van 1875 tot 1947, werd gerekend tot de Fauvisten, had een klompvoet en een lui oog, was een hartstochtelijk reiziger en een levenslange vriend van Matisse. Een landschapsschilder die overal het water opzocht. Niet de wilde zeeën, woeste watervallen en ander zinloos natuurgeweld uit de negentiende eeuw, maar het vredige blauw van rivieren, havens en badplaatsen aan beide zijden van de Middellandse Zee. Op, aan, langs of in dat water bevinden zich zijn mannen, vrouwen, kinderen en dieren; de met achteloze zwarte veegjes neergezette figuurtjes die zo kenmerkend voor zijn schilderijen zijn. Je ziet ze altijd schuin van bovenaf, omdat Marquet zijn ezel als regel naast een open raam opstelde om te verslaan wat hij zag wanneer hij ergens in Marseille, Algiers, Napels, Venetië, Rabat, Sète, Stockholm of Rotterdam naar buiten keek. Welgeteld zes Parijse vensters hebben de omlijsting gevormd voor ruim vijftig stadsgezichten, waarvan ik er nu elf heb kunnen aanraken en één had kunnen stelen.

In de *Midi-Libre*, de krant van de streek waar ik momenteel heen en weer verkeer, zag ik aangekondigd dat het Musée de Fleury, in het stadje Lodève, van 27 juni tot 1 november een overzichtstentoonstelling van het werk van de schilder Marquet presenteert. Ongelovig nog een keer lezen. Albert Marquet? Dezelfde? Ja verdomd. Meer dan negentig schilderijen, uit musea en particuliere verzamelingen van over de hele wereld. In Lodève? Had ik ook nog nooit van gehoord. Ligt volgens de Michelin-kaart negentig kilometer hiervandaan, maar al waren het er negenhonderd. Denkend aan de rijen en vechtpartijen die de laatste jaren in Nederland ontstonden voor de tentoonstellingen van Mondriaan, Breitner en Vermeer, bel ik ogenblikkelijk het museum om een kaartje te reserveren. De mevrouw aan de andere kant van de lijn begrijpt mij niet en zegt dat ik welkom ben. Wanneer dan mevrouw? O elke dag behalve maandag.

In de hal van het Musée de Fleury te Lodève tref ik op dinsdag 30 juni 1998 om twee uur 's middags een giechelende schoolklas, maar die komen voor de vaste collectie stèles; de monolithische grafstenen met hun raadselachtige inscripties. Waar zijn de bezoekers voor Marquet?

Die zijn er niet. Ik ben de enige. Zesentwintig jaar geleden was er voor het laatst een overzichtstentoonstelling van mijn momentele idool en nu is er geen andere bezoeker dan ik.

Ik wijs ongelovig op mijn borst en vraag 'seul?'

De dame die naast de ingang de wacht houdt tussen tien stevige stapels catalogi knikt.

'On l'a oublié, Marquet,' glimlacht ze mismoedig. Zo, voor het grote publiek uit, mag de Koningin nou ook altijd de prachtigste exposities bezoeken. Maar die wordt dan omstuwd door flemende functionarissen, terwijl ik hier in volmaakte eenzaamheid kan beginnen bij het allereerste doek; 'Portret van de moeder van de kunstenaar', uit 1894, om pas vier zaaltjes en veertig jaar later, oog in oog met 'Paris, Quai de Conti par temps de pluie', uit 1937, gestoord te worden door een beleefd blozend meisje dat mij, met de bescheiden geestdrift van de stagiaire, waarschuwt dat hier niet gefotografeerd mag worden.

'Maar dat doe ik ook niet,' zeg ik.

'In verband met de eigenaren van de schilderijen,' zegt ze.

'Ik heb geen fototoestel bij me,' stel ik haar gerust.

'Het gaat om het recht van het beeld,' repeteert zij haar suppoostenlesje en dan loopt ze verder.

'En ik heb een catalogus gekocht!' roep ik ter geruststelling.

Haar veel te strakke jurk reikt tot haar voeten

en erdoorheen probeert zij haar broekje goed te pulken. Ook heeft ze vanmorgen de verkeerde schoenen aangetrokken. Maar als ze mij gezegd had dat ik alleen kruipend door dit museum mag bewegen, dan was ik gehoorzaam op handen en voeten verdergegaan; zo dankbaar en uitverkoren voel ik mij vandaag.

Met de vrouwen van Marquet is iets niet in orde. Dat van zijn moeder is een perfect klassiek portret, maar aan de beide naakten die hier hangen ('Nu aux bas noirs', uit 1912 en 'Nu au canapé rouge', uit 1913) zit geen greintje erotiek. De benen sporen niet en de armen liggen er ongemakkelijk gerangschikt bij. Uit de gezichten, voorzover herkenbaar, straalt geen druppel zinnelijkheid. Ik zie het als een bewijs voor mijn vermoeden dat Marquet, hyperverlegen als hij was, in de omgang met zijn modellen nooit zo soepel en losjes is geweest als zijn bewonderde vriend Henri Matisse.

Wat vraagt zo'n meisje als ze het resultaat van haar poseren ziet?

'Ben ik dat?' lijkt mij het meest voor de hand te liggen. En dat kan dan op twee manieren worden geïntoneerd: beledigd als ze zichzelf op het doek lelijker vindt dan in het echt en quasi verlegen in het omgekeerde geval. 'Nee juist niet,' zei mijn vrouw, met wie ik mijn theorietje besprak, 'als het model vindt dat zij geflatteerd is geschilderd, zegt ze helemaal niets. Ze zou wel gek zijn.'

In de schathemelrijke catalogus staat een onthullende foto van Marquet en 'Yvonne'. Yvonne heette in werkelijkheid Ernestine Bazin en was tussen 1908 en 1914 het favoriete model van de schilder.

Zij vergezelde hem vaak op zijn reizen. Bij het zien van dit wazige kiekje moet ik denken aan het mopje van de schilder die wat aan het rollebollen is met zijn model en dan plotseling roept: 'O mijn hemel! Daar hoor ik mijn vrouw! Vlug, kleed je uit, kleed je uit!'
    Zo onbevangen en sexy als Yvonne hier poseert, heeft Marquet haar nooit kunnen schilderen. Zie hem deinzen met een blik die zegt: 'Nee, daar is geen beginnen aan. Dat krijg ik niet uit mijn kwast.'

Het is verleidelijk om te concluderen dat Marquet ook om die reden, vanaf 1914, definitief koos voor de stadsnatuur, waarin hij de mensen kon reduceren tot kleine, maar veelzeggende penseelhaaltjes.

Het allerlaatste doek van de tentoonstelling heet 'Pont Neuf dans la brume', dateert uit 1947 en

zou onder mijn jasje hebben gepast, want een alarminstallatie heeft het Musée de Fleury niet en er hangt welgeteld één schilderij achter glas. Een week voor zijn dood schilderde Marquet, vanuit zijn raam, achtmaal het uitzicht op de besneeuwde Pont Neuf. Zwart, grijs en wit en verder geen kleur meer. De bomen zijn kaal, de auto's zijn vlekken, de mensen zijn huiverende streepjes. Ik heb nog nooit zo'n levensechte nevel geschilderd gezien.

Nu wil ik wijn. Ik koop nog een poster van de tentoonstelling, een setje ansichtkaarten en een extra catalogus. Ik weet nog niet voor wie. Je doet wat je kunt. Het duurt even voor de mevrouw van de ingang mij kan helpen, want de parttime suppooste heeft haar rug naar haar toe gedraaid en vraagt achterstevoren of de conservatrice haar jurk niet te strak vindt. Morgen wou ze sowieso iets heel anders aantrekken, versta ik. Voor niks en voor niemand. Paradijselijk.

Die lange tafel heeft zestien poten en staat opgemaakt klaar voor twintig personen. Voor de rest is dit restaurant in Frankrijk leeg, op een malcontente ober na.

U had niet gereserveerd mevrouw meneer? Nou vooruit dan maar weer. Hij wijst ons een tafeltje in de verste hoek en wat wij voor aperitief believen. Altijd en eeuwig spookrijdt dan de Carmiggelt-zinnenflard 'Schiedamse nevelen' door mijn hoofd. Ongenegen noteert hij een jus d'orange voor mijn dochter en voor meneer hier een tonic.

– En alvast de wijnkaart, roep ik hem na. Ik zie aan zijn rug dat dit helpt.

– Hoe gaat het trouwens met Richard? vraag ik mijn dochter.

Richard is een vroegere klasgenoot, die een maand geleden een ernstig motorongeluk heeft gehad.

– Je bedoelt Pascal, zegt ze. Goed wel, maar dat been komt nooit meer goed.

– Pascal, verbeter ik; natuurlijk, Pascal. Doe hem de groeten.

– Dat zal ze leuk vinden, zegt zij.

Daar zijn onze alcoholvrije consumpties. Heel verstandig van mij om nog even met de wijn te wachten, anders zeg ik na twee glazen Jan wanneer ik Piet bedoel en moet zij de hele maaltijd doen alsof ze niks raars merkt aan haar vader.

Dat verwisselen van Pascal en Richard is natuurlijk niet zo vreemd, omdat Pascal Richard de naam van een Zwitserse wielrenner was. Zo wou ik onthouden hoe de vriendin van dat ongeluk heette.

– Denk maar aan Pascal Richard, zei ik tegen mijzelf.

Maar die ezelsbruggetjes werkten averechts want ik haalde al snel de hele vriendenschaar van mijn kinderen door elkaar: Marie noemde ik Antoinette; Richard sprak ik aan als Anthony, Keith of Pascal dus en tegen Renée heb ik al een paar maal Clair gezegd.

Verder heb ik het dikwijls over Gérard wanneer ik Philippe bedoel.

En andersom. En gisteren riep ik geestdriftig 'Ha die Anna!' toen mijn neefje langskwam met zijn vriendin Karina.

Er kwettert een welgesteld gezelschap onze eetzaal binnen.

Ze horen bij elkaar zoals alleen Fransen dat kunnen doen en op grond van hun jarenlange restaurant-ervaring zit iedereen binnen twee minuten op zijn juiste plaats binnen de familie.

Aan het hoofd een schriele weduwnaar, twee dubbel zo dikke zonen ter weerszijden, met hun elegante eigen vrouwen naast zich en vervolgens een paar ernstig kijkende aangetrouwde vertakkingen die vrolijk uitmonden in vier bij elkaar geplaatste kereltjes tussen de vijf en de negen. Dit is de leukste leeftijd, wanneer ze goed zijn opgevoed. En dat zijn deze. Kijk maar eens hoe mooi zij van alles afblijven en hoe gedoseerd zij hun flesje Pschitt drinken.

Of wij al een keuze hebben kunnen maken, vraagt de ober.

– Die met dat blauwe truitje, staart mijn dochter hardop; moet je die natte haartjes nou toch zien!

Wanneer wij rustig naar die vier mini Fransmannetjes mogen blijven kijken kunnen wij hier best een uurtje zitten zonder eten of drinken en zonder ons te vervelen, maar om ons nog verzaligder te voelen wijzen wij het op een na duurste menu aan en prik ik een fles rode Graves uit de wijnkaart.

De kleinste van de vier is moe, maar wanneer hij zich naar links laat omvallen, bij zijn moeder op schoot, keft de tante schuin tegenover hem dat hij rechtop moet blijven zitten en veert hij gehoorzaam weer overeind. Zijn drie neefjes zetten intussen hun onderzoek naar de vermaaksmogelijkheden voort. In de wijnglazen pauwen de servetten en als de oudste van de vier op het idee komt om dit tafellinnen als een accordeon in en uit te trekken, vormen ze binnen dertig seconden een harmonicatrio en staakt nummer vier, die met dat blauwe truitje, voor even zijn gevecht tegen de slaap om volwassen met hen mee te lallen.

Dan roept het donkere jongetje met de drie kruinen dat ze stil moeten zijn want dat hij nog iets veel leukers weet.

Hij kijkt snel en sluw opzij of de familie hem niet in de gaten heeft, strijkt voor zich op tafel zijn servet glad en begint dan met bolgeblazen wangen van de concentratie de punten naar binnen te vouwen – ik was het totaal vergeten maar zie dat hij precies hetzelfde verboden kunstje gaat flikken dat mijn tienjarige vriendjes en ik probeerden uit te halen met de theedoek tijdens een vakantiekamp, met je handdoek in het openluchtzwembad of met een volwassenenzakdoek in een hoek van de fietsenstalling – nu verricht hij nog drie overhandse grepen, corrigeert nadenkend de laatste, begint traag te stralen en houdt dan, de armpjes gespreid en geroutineerd als een standwerker, apetrots een kleine witte bustehouder met puntige cups omhoog.

De kleinste van de vier begrijpt niet onmiddellijk welk huzarenstukje hier wordt uitgehaald, maar als de komiek het behaatje voor zijn borst spant en uitdagend met zijn schouders begint te wiegen, verslikt hij zich van ongeloof en bewondering in zijn flesje limonade. Dat trekt de aandacht van vier volwassenen en hoewel hij uit ervaring weet dat zijn moeder er nu aan gaat komen om hem zo'n klassieke Franse pets om zijn oren te verkopen, blijft de kleine vouwer als versteend zitten: hij kijkt recht in het van vertedering scheefgezakte gezicht van mijn dochter en weet in zijn ronkende schaamte niets anders te doen dan zich met behaatje en al onder tafel te laten zakken.

Tussen ons, de volwassenen, vliegen intussen de knipogen, glimlachjes en semipreuts getuite mondjes over en weer.

– C'est international! roep ik joviaal; vive les enfants! A oui, dat is iedereen met mij eens.

Ze zitten nu met zijn viertjes onder tafel en een groot geproest weerklinkt. Wanneer de behaatjesvouwer weer durft op te duiken zoekt hij, onderuit loerend, de blik van mijn dochter en durft hij nota bene brutaal naar haar terug te lachen en sterker nog: hij legt het ontvouwde servet als een pannenkoek op zijn hoofd en kijkt er scheel bij!

– Wat een kleine versierder, mompelt mijn dochter; die komt er wel.

Als de ober mij de Graves serveert, verbeeld ik mij dat de aantrekkelijkste van de vijf Franse tantes, door het behaatjes-incident op onze aanwezigheid attent gemaakt, half om half naar mij is blijven zitten kijken.

Daarom speel ik bij het proeven dat ik de wijn eigenlijk maar zozo vind.

Het begint steeds vroeger en het houdt nooit meer op.

Hoewel mijn vrouw ze ten slotte is gaan wassen op negentig graden, zitten mijn drie spijkerbroeken tegenwoordig als lubberende lendendoeken die mij niet de minste ruggensteun meer bieden; het veilige en vleiende gevoel van een strakke kont in een nauwsluitende jeans overvalt mij alleen nog bij het allereerste aantrekken van een schoon exemplaar en is na vijf minuten zitten, lopen of staan alweer verdwenen.

Ik mocht eens een vriendin hebben die, wanneer ik somber uit het raam keek, graag achter mij kwam staan en haar borsten tegen mijn rug drukte om met twee handen mijn kont vast te pakken. Ik had toen nog hele goede oren, waarmee ik haar kon horen naderen, zodat ik mijn achterwerk snel kon spannen om haar een verlekkerd kreuntje te ontlokken.

Zoiets greep plaats terwijl wij allebei al onze kleren nog aanhadden, want er bestond toen nog geen porno.

Dat stimulerende gevoel van twee warme palmen die onderhands mijn billen optillen, hebben mijn drie spijkerbroeken mij het laatste jaar niet meer kunnen geven.

Om te redden wat er nog te redden viel hees ik ze zo hoog mogelijk op, middels een brede riem en over het geheel trok ik dan weer een maskerende trui aan, maar dat hielp allemaal geen fuck meer. Ik zeg het nu maar even modern, want de geest is nog sterk genoeg voor een spijkerbroek; alleen het te omringen vlees is te zwak.

Heeft u ooit iemand van boven de vijftig gezien die er, in jeans, van achteren jonger uitzag dan van voren?

Dus toen mijn vrouw me op mijn verjaardag fijntjes verraste met een degelijke, mijn achterste verrassend strak omsluitende en zijn veerkracht behoudende, grijswollen pantalon, heb ik het hoofdstuk denim definitief afgesloten.

Toen ik vorige week naar mijn moeder ging, droeg ik mijn nieuwe broek, een overhemd met das en een colbert, want wij zouden voor het eerst de oude dame bezoeken met wie zij al twee jaar lang vijfmaal per week telefonisch contact had. De eerste keer dat die oude mevrouw B. haar belde, was zij verkeerd verbonden, maar van het een kwam het ander en omdat zij allebei kleinkinderen hadden en wekelijks het zaterdagse kruiswoord in dezelfde krant probeerden op te lossen, werden de gesprekken tussen de beide bejaarde dames voortdurend hartelijker en intiemer, al hadden zij elkander nog nooit in levenden lijve gesproken.

– Ik ga haar eens een keertje opzoeken, had mijn zevenentachtigjarige moeder al een paar maal hardop gedacht; ze zit in een verzorgingshuis in Wassenaar.

– Hoe ga je daar dan naartoe? vroeg ik zorgelijk.

– Gewoon met lijn elf, zei mijn moeder; en dan stap ik op de markt over op bus negentien en dan is het nog maar een paar honderd meter lopen.

– Dan gaan we samen, zei ik.

Voor het tehuis zaten zeven bejaarden in een rolstoel van het zonnetje te genieten. Boven de tachtig spreken de mensen niet langer van de zon maar liefkozend van het zonnetje, aangezien elke straal de laatste kan zijn.

Mevrouw B. bewoonde kamer 136 en toen wij nerveus op haar deur klopten riep een vriendelijke, keurig Haagse stem dat wij rustig binnen konden komen. De mysterieuze vriendin van mijn moeder bleek een alleraardigste, beschaafde dame van eenentachtig, die zich verontschuldigde voor het feit dat zij de deur niet persoonlijk had kunnen openen, aangezien zij al dertig jaar lang zwaar invalide was.

Zij lag ernstig vergroeid in een soort kolossale tandartsstoel, maar zij keek buitengewoon opgewekt. Bliefden wij misschien thee? Dan wilde Annie misschien zo lief zijn om even water op te zetten.

Mijn moeder begon onmiddellijk te redderen.

– Wat heb jij trouwens nog een mooie benen Annie, zei mevrouw B.

– Dank je Els, zei mijn moeder, terwijl zij in een moeite door het kleine aanrechtje opruimde, de planten water gaf en de sprei op het smalle bed rechttrok.

Ik kan een beetje in mijn moeders hoofd kijken en las haar gedachten. Nu had zij eindelijk weer eens een vriendin, maar gezien de gesteldheid van mevrouw B. zat samen af en toe een uitstapje er niet in en ook van een gezellig tegenbezoek kon geen sprake zijn.

– Gaat u er nog wel eens uit? vroeg ik behoedzaam.

– Hier voor de deur, zei de oude dame; ik zit hier wel eens beneden voor de deur lekker in het zonnetje, in mijn rolstoel. Maar die past in geen enkele auto.

Zulke dingen moet je mij natuurlijk nooit zeggen.

– Waar staat die rolstoel? vroeg ik.

– In het toilet naast het halletje, zei mevrouw B.

Ik kwam redderig overeind, inspecteerde de rolstoel en werd overvallen door een rampzalige aanval van barmhartigheid.

– Die rolstoel is een fluitje van een cent, zei ik, in de kracht van mijn leven en als de ideale zoon; haal die fluitketel maar van het gas Annie, dan gaan we met zijn drietjes gezellig wat drinken bij de Posthoorn, op het Lange Voorhout. Kent u de Posthoorn?

– Dat zal in negentienzestig of zoiets geweest zijn, zei mevrouw B. ongelovig.

Ik hees haar in de rolstoel en mijn moeder demonstreerde hoe goed zij zelf nog ter been was door haar nieuwe vriendin het benauwde kamertje uit te draaien en de lift in te wielen.

Samen hielpen wij mevrouw B. voorin mijn auto, mijn moeder nam plaats op de achterbank en vervolgens was ik nog een kwartier zwetend bezig om de rolstoel zo te demonteren dat hij achter mijn vijfde deur wilde passen; gespannen gadegeslagen door de aan het tehuis gekluisterde zonnetjebaders.

Op de Wassenaarseweg reed er een auto voor ons waarin een vogelkooi op de achterbank stond. Een kleine papegaai fladderde krampachtig van links naar rechts en weer terug.

– Zie je dat arme dier daar Els? vroeg mijn moeder; nou ja, hij is er tenminste even uit, moet je maar denken.

Onderweg door Den Haag slaakte de opgetogen mevrouw B. kreetjes van verbazing om de vele veranderingen in het stadsbeeld en toen ik erin geslaagd was om haar, met behulp van de obers, rechtop in een stoel op het zonovergoten terras van de Posthoorn te doen zitten, was haar geluk volkomen. Ze zei het zelf, wel vier keer.

– Wat een ongelooflijk heerlijke dag maken wij mee, hè Annie?

– Ik zou wel een vermouthje lusten, zei mijn moeder; en jij Els?

– Ik mag geen alcohol bij mijn medicijnen, zei Els.

– Welja! riep ik, gek van mijn eigen goedertierenheid; u neemt ook een vermouthje en we nemen er een portie bitterballen bij. Ober!

Het werd een onvergetelijke middag. Er kwam nog een in geen veertig jaar geziene Haagse vriend van mijn middelbare school aan ons tafeltje zitten. Hij kende mijn moeder nog. Hij was een onvoorstelbaar hoge Europese ambtenaar geworden en de oudste zoon van Els B. zat ook in de diplomatieke dienst dus wij babbelden honderduit.

Zelden zo'n rimpelloos uitstapje meegemaakt. Drie uur later rekende ik zes vermouth, vijf pils en drie porties bitterballen af en aanvaardden wij de terugreis. De Scheveningse boulevard ook nog even meegepikt. Dat schoot mevrouw B. ineens te binnen: wanneer Hagenaars vroeger naar Scheveningen gingen, zeiden ze dat ze 'even een boulevardje gingen pikken'.

Voor het verzorgingshuis zette ik de rolstoel weer in elkaar en brachten wij mevrouw B. terug naar haar kamer.

Ik kreeg een zoen in het genre pakkerd van haar en beloofde dat we het allemaal nog eens dunnetjes over zouden doen. Ook de afscheidskus voor de huisdeur van mijn moeder was oprechter dan normaal.

Veel te tevreden met mijzelf reed ik terug naar Amsterdam.

Toen Elton John op de autoradio Candle in the wind zong kreeg ik tranen in mijn ogen; kunt u nagaan hoe opgefokt ik was.

De volgende avond belde ik mijn moeder, na, zoals altijd, even zappend te hebben gecontroleerd of zij misschien nog naar Goede Tijden Slechte Tijden zat te kijken.

– Hoe is het? vroeg ik; heb je geen kater?

– Verschrikkelijk, fluisterde mijn moeder hees.

– Wat is er dan? schrok ik.

– Els heeft vanmorgen een hartaanval gehad, riep mijn moeder.

Vijf dagen later stonden wij samen aan het graf van mevrouw B. Haar broer vertelde ons dat Els nog even bij kennis was geweest en toen iets over bitterballen had gestameld. Maar wij hadden haar een onvergetelijke middag bezorgd, daar moesten wij ons maar aan vasthouden en misschien wilde mijn moeder, als aandenken aan de vriendin die zij één keer had mogen ontmoeten, haar telefoontoestel hebben. Dat was namelijk gloednieuw en dat had een volumeregelaar, dus het kwam prachtig uit dat mijn moeder wat hardhorend aan het worden was.

Morgen ga ik weer naar Den Haag, om het dertig jaar oude toestel van mijn moeder te vervangen door het splinternieuwe exemplaar van mevrouw Els B. Voor zulke karweitjes trek ik een spijkerbroek aan.

Wij hebben het huis altijd goed onderhouden maar af en toe schunnig behandeld.

De feesten die het zich moest laten welgevallen; als de hele boel werd uitgeruimd en op zijn kop gezet en het huis niet meer wist waar het aan toe was en met zich liet sollen als een opgetuigd circuspaard.

Maar het huis was nooit haatdragend. Twintig jaar lang bleef het wakker tot ik thuis was.

Vanmorgen voelde ik een tot nu toe onbekend gat ter grootte van een gulden bovenaan de vierde trapstijl, vlak onder de leuning.

En ik schuif de schuifdeuren opzij, met geen andere bedoeling dan nog een keer lekker met ze te schuiven (in het nieuwe huis zijn geen schuifdeuren) en terwijl ik iedere deur tot over zijn helft van de rails duw, werp ik een benedenwaartse blik in de smalle schachtremise en zie ik voor het eerst hun vreemde houten vinnen.

Ik struikel de laatste dagen over drempels waar ik nooit problemen mee had. Deuren klemmen, stoppen slaan door. In diverse hoeken stoot ik voor het eerst mijn hoofd.

's Nachts hoor ik vreemde krasgeluiden.

Ik ga mijn bed uit en tast te hoog als ik de kruk van de slaapkamerdeur wil pakken. In het donker fronsend over deze misvatting knip ik op de overloop het licht aan – dat een kwartseconde flitst, dan tok zegt en uit blijft.

In het halletje hangt de zaklantaren. Ik schuif het gordijn opzij, dat als een stervende operadiva op de vloer zijgt: in zijn geheel van de roede geroetsjt. Dat is me nog nooit overkomen.

Speurend naar het onbekende geluid, richt ik mijn licht op de glazen koekoek en schijn recht in het gezicht van onze oudste kat.

– Wat doe jij in godsnaam op het dak? sis ik.

Zij miemt terug dat ze het zelf ook niet weet, dat ze er niets aan kan doen, dat het sterker dan haarzelf is. En zij krast gegeneerd met haar poot aan de koepel.

Ook in de tuin spookt het zachtjes.

Er staat een doorgeschoten theeroos te wiebelen naast het hek.

In zijn eentje. Wij hebben nooit gele rozen geplant.

Met het uitruimen der kasten begonnen.

Nu al zeven nooit gespeelde spellen, het plastic nog om de dozen. Niemand kent ze.

Ieder van ons vieren was met het huis getrouwd, maar elk onder zijn eigen voorwaarden.

Het huis weet waarschijnlijk meer van ons dan wij van elkaar.

Over twee weken moeten wij eruit zijn, maar dag en nacht maakt het huis ons duidelijk dat wij haar nog niet uit hadden; zoals iemand die door zijn geliefde in de steek dreigt te worden gelaten niets meer te verliezen heeft en in een laatste wanhoopsoffensief de wildste beloften doet en allerlei achtergehouden geheimen prijsgeeft.

Het vogelhuisje dat ik aan de stam van de ceder heb bevestigd toen wij ons hier vestigden, is dit jaar voor het eerst bewoond.

De timmerman, de stukadoor en de elektricien hebben alledrie een mobiele telefoon bij zich.

Daarmee kunnen zij, binnen het Global System for Mobile Communications, in mijn nieuwe huis van de tweede naar de eerste verdieping bellen, via hun eigen Eurosatelliet.

– Ja hallo met Nico.

– Ja Nico, Koos hier.

– Zeg Koos heb ik mijn telefoon bij jou op de eerste verdieping laten liggen?

– Hoezo? Hoe bel je nou dan?

– Met die mobiele van Leo.

– Even kijken Nico. Ja, hij ligt hier in de vensterbank.

– Okee, kom ik hem zometeen halen.

– Is goed Niek. Hou ik hem zolang hier.

– Bedankt.

– Hoi.

Onder de koffie vergelijken zij de potentie van elkanders apparaten. Het valt mij op dat zij eerder af- dan opscheppen, over de verschillende vermogens.

Zo vertelt de timmerman hoe hij tijdens zijn vakantie, in een bootje midden op een meer, via de Finse Mobiele Telefoonmaatschappij Oy Radiolinja AB, glashelder contact kreeg met zijn zwager op de Gentse feesten en dat die hem de volgende morgen via Belgacom in de Sauna te Helsinki terugbelde; alsof hij naast hem zat zo duidelijk!

Maar dat zijn vrouw hem nauwelijks kan verstaan als hij voor de aardigheid voor zijn eigen huisdeur onder een boom staat te telefoneren dat hij er aankomt.

Tijdens zulke gesprekken voel ik mij ontzettend eenzaam.

De ontspannen manier waarop zij gedrieën zo'n verbouwing klaren maakt mij afgunstig op hun saamhorigheid en onderlinge waardering. Was ik maar een loodgieter, die binnen hun ploeg zijn partijtje meeblies. Dan had ik ook een Pocketline telefoon en dan werd ik tenminste voor vol aangezien. Nu loop ik hun de hele dag met mijn mond vol tanden voor de voeten en als mij vanaf een stelling gevraagd wordt om even iets aan te reiken, geef ik het verkeerde aan, of ondersteboven, zodat het uit elkaar valt.

Ze hebben ook alledrie een notebook, waarop ze hun afspraken en de voortgang van dit karwei bijhouden.

's Middags bij de thee laten ze elkander zien welke kunstjes zij hun digitale agenda's hebben bijgebracht en weer zit ik er voor spek en bonen bij met het beduimdelde notitieboekje waarin ik mijn moderne onbegrip nauwkeurig bijhoud; dat wel.

'De doorhaling is definitief doorgehaald' lees ik hier, bij wijze van analoge verzuchting.

En ik probeer daar nu wel leuk over te doen, maar de repeterende zweep van al die moderne nederlagen maakt mij behoorlijk mistroostig: de audio-revolutie gemist, de videorecorder niet kunnen programmeren, niet in staat mobiel te bellen en nog nooit op Internet durven surfen.

'Mij sijpelend realiseren dat er steeds meer gaten in de verdediging van het oude gelijk vallen' – zoiets heb ik vannacht gekrabbeld, maar ik kan het niet meer helemaal ontcijferen.

Wel haarscherp herinneren: het eerste telefoontoestel in het ouderlijk huis. Dat hing in al zijn strenge, zwartbakelieten glorie op de gang en de beherende telefoonmaatschappij was nog niet geprivatiseerd: de PTT was een staatsbedrijf, dat het beste met zijn burgers voorhad.

We mochten gratis bellen hoe laat het was

(002) en wat voor weer ons stond te wachten (003).

Maar het wonderbaarlijkste en verleidelijkste nummer was het eveneens kosteloze oo8: Inlichtingen. Het draaien van oo8 was een geheid succesnummer op verjaardagen.

Wanneer er in de nagenoeg alcoholvrije, maar altijd geanimeerde gesprekken een moeilijk woord viel waarover mijn ooms van mening verschilden (de ene zei bijvoorbeeld dat de Wisent een Afrikaanse wervelwind was terwijl een ander volhield dat er een scheikundig element bestond dat Wisent heette) hief mijn vader bezwerend zijn armen en zei hij: okee mensen, dan bellen we Inlichtingen.

Nu viel de visite eerbiedig stil en stelde ieder van ons zich de eenzame, buitengewoon ontwikkelde telefoniste voor die de nacht doorbracht in een uit encyclopedieën opgebouwde iglo met huisnummer oo8. En zij wist het antwoord op alle vragen. Mits in het nette natuurlijk.

– Een goedenavond. U spreekt met Inlichtingen.

– Goedenavond mevrouw. Mijn naam is Van Kooten en wij zitten hier met wat mensen bijeen op mijn verjaardag.

– Hartelijk gefeliciteerd, mijnheer Van Kooten.

– Insgelijks mevrouw. Maar nu hebben wij een klein verschil van mening over een bepaald woord.

– Om welk woord gaat het, mijnheer Van Kooten?

– Om Wisent mevrouw.

– Wisent?

– Jawel mevrouw. Er is hier iemand die zegt dat het een tornado is en mijn broer denkt dat het uit de scheikunde komt, wisent.

– Dan zoek ik de juiste betekenis even voor u op, mijnheer Van Kooten.

– Heel graag mevrouw.

Dan zei mijn vader: ssst mensen, ze is bezig. En dan stak hij een sigaret op. Soms mocht ik aan zijn wang meeluisteren en kon ik de 008-mevrouw horen ademen en bladeren.

Achteraf verdenk ik mijn vader en ooms ervan dat zij best wisten wat een wisent was, maar dat zij de opwinding van die vreemde vrouwenstem niet wilden missen.

– Mijnheer Van Kooten?

– Ja mevrouw?

– Een wisent behoort tot de runderen.

– Aha. Dat dacht ik al.

– Hij is familie van de buffel.

– Juist ja, familie van de Buffel. Dat is een hele opluchting. Ik dank u hartelijk mevrouw en wens u mede namens de overige gasten een prettige nacht.

– Geen dank mijnheer Van Kooten en graag gedaan.

Maar toen riep mijn oom Ben, vlak voordat mijn vader ophing en veel te hard, zodat de 008-mevrouw het gehoord moet hebben: vraag eens of ze blond is?

De visite verstijfde en de vrouw van oom Ben is opgestaan en regelrecht en zonder jas naar huis gegaan.

En op dat moment voorvoelde ik dat het volkomen uit de hand zou gaan lopen, met die nulnulzoveel nummers.

In de jaren zestig was Abbé Pierre net zo'n fascinerende Fransman als Jacques Cousteau. Het romantische van Abbé Pierre was dat hij zich met clochards bezighield. Een clochard was een man die door een drankprobleem zijn lectoraat in de filosofie of de wiskunde had moeten opgeven. Onder iedere Parijse brug sliep, speciaal voor de toeristen, een voormalige hoogleraar aan de Sorbonne.

Het kleine leger daklozen telde nog maar twee vrouwelijke clochards. De een was de voormalige maîtresse van maarschalk Pétain en de ander was de boze stiefzuster van Edith Piaf.

De verbazing over Pierre's bekommernis om de grotestadsontheemden was kenmerkend voor de afstand die er toen nog tussen kerk en straat bestond.

Abbé Pierre, ging het verhaal, had ruzie met Rome gekregen vanwege zijn verhouding met Sœur Sourire; de zingende non die kon vliegen en zichzelf op de gitaar begeleidde.

Later kregen wij religieuze weldoeners als Moeder Teresa, Dom Helder Camara en Majoor Boshardt, maar in onze tienerbelevingswereld heeft niemand ooit zo'n hoog Robin Hood-gehalte gehaald als Abbé Pierre.

Omdat ik nooit iets weggooi maar altijd alles kwijt ben en nog steeds op zoek ben naar onderdelen voor mijn perpetuum mobile, ga ik in Frankrijk graag langs de Emmaüs. Emmaüs (Lucas 24; pas in Emmaüs aangekomen kregen de discipelen in de gaten dat Christus al die tijd met hen mee had gewandeld) is de verzamelnaam van de door Abbé Pierre gestichte leefgemeenschappen, het zijn er nu in Frankrijk al honderdtien, waarbinnen de door onze maatschappij verstoten stumpers, hopeloze gevallen, ex-alcoholisten en in leven gebleven zelfmoordenaars ('Les aigles blessés') samen wonen en werken, zonder enige inmenging te dulden van de staat, de prefectuur of het gemeentebestuur.

Naast veel van die oude Emmaüs-huizen en hoeves zijn gebouwtjes verrezen waarin de bewoners alle denkbare oude troep te koop aanbieden. Kleding en schoeisel, meubelen, huishoudelijke apparatuur, oude fietsen en auto-onderdelen, boeken en grammofoonplaten; je kunt het zo tiendehands niet verzinnen of het ligt er, in alle staten

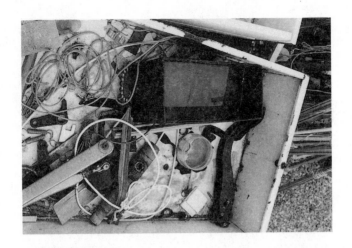

van aftakeling.

Handelaren worden hier geweerd, om te voorkomen dat de voor 1 franc te koop aangeboden kop en schotel de volgende dag in een tien kilometer verderop gelegen Brocante voor vijftig francs staat geëtaleerd.

Alles is hier van de armen, via de armen, voor de armen. De werkers die de behangtafels met rotzooi beheren zijn buitengewoon vriendelijk en maken een onthechte indruk. Voor hen allemaal geldt dat zij zich bezighouden met de vervulling van hun eerste of hun laatste baan en dat besef geeft hun een betrokkenheid die je in gewone winkelsituaties niet meer tegenkomt. De mannen zien eruit of zij tussen de middag elkanders haar knippen.

Ik scharrel devoot tussen de schappen met gebarsten spiegels, doorgebrande pannen, kale
borstels, eenbenige scharen, ontoorde kopjes en
asbakjes met niet langer bestaande sterrenbeel-
den. Binnen de filosofie van Abbé Pierre geldt
voor mensen het zelfde als voor dingen: iedereen en alles heeft zijn waarde, niemand mag
aan zijn lot worden overgelaten en niets mag
achteloos worden weggegooid. Ik heb hier hoe-
genaamd geen last van de kooplust die mij altijd
bevangt op rommelmarkten of in bric-à-brac-za-
ken, omdat ik daar heimelijk hoop te stuiten op
een door de beheerder niet als zodanig herkende
Lalique-vaas of een tekening van Marquet, maar
die kans bestaat hier niet: al deze wrakke resten
zijn afkomstig van mensen die zo arm waren dat
zij van meet af aan het goedkoopste van het
goedkoopste aanschaften en dat levert een stijl
op die zelfs niet als camp kan worden gekenschetst.

Het is allemaal van een superieure inferiori-
teit, maar zodra je begint te graaien worden de
dikwijls buiten uitgestalde bakken vol verweerde
of verroeste troep evenzovele kisten juwelen.

De laatste keer kocht ik een aardappelmesje
(voornamelijk vanwege de beide rondgesleten
koperen nageltjes in het houten heft), een verbo-
gen aluminium winkelhaak waarmee ik de gebroken rechterbovenhoek van een kapotte hor hoop-

74

te te herstellen en een ovaal stompje timmer-
manspotlood van zes centimeter; alles bij elkaar
voor de spotprijs van 3 francs.

Dus bij het afrekenen laat ik nog tien extra
francs in het conservenblik voor de giften rinke-
len en vind ik mijzelf een goed christen.

Bij het verlaten van de Emmaüs passeer ik een
grote foto van Abbé Pierre met alpino en ik knik
hem dankbaar toe.

Ik lees hier dat hij, direct na de oorlog, met Albert Camus in de redactie van de krant *Combat*
zat. Er staat ook een foto van Abbé Pierre met
Coluche in dit boek. Het heet *Mémoire d'un
croyant*, is verschenen bij Fayard en bevat, behalve zijn zelfvertelde levensgeschiedenis en de no-
dige religieuze bespiegelingen, een groot aantal
fragmenten dat zo lachwekkend in tegenspraak is
met de door de schrijver gepredikte nederigheid,
zo kinderlijk en zelfvoldaan, dat ik u graag wil
laten meeverbazen. Twee citaten.

1. ...'aangezien ik zeven jaar kloosterling was geweest, bleef ik tot aan het begin van de oorlog
onwetend van het nazisme en het antisemitisme.
In mijn omgeving werd Pétain bewonderd en ik
was niet op de hoogte van de eerste maatregelen
van de Vichy-regering tegen de Joden. Ik werd
priester in Grenoble en daar ontdekte ik dat de

Joden vervolgd werden omdat er op een nacht twee in tranen aan mijn deur belden: "Mogen wij bij u schuilen vader, want wij zijn bijna opgepakt omdat wij Joden zijn!"

Ik aarzelde geen seconde maar wist onmiddellijk wat mij te doen stond. Ik liet een van hen in mijn bed slapen, aan de ander stelde ik mijn canapé ter beschikking en zelf bracht ik de nacht in mijn fauteuil door.'

2. ...'wat ik ook nooit zal vergeten is de rabbijn die voor mij in de bres sprong tijdens een openbare bijeenkomst ten tijde van de verkiezingscampagne direct na de oorlog. Politieke tegenstanders hadden mij aangevallen en toen nam een oude man het woord en zei: "Ik zal niet voor Abbé Pierre stemmen, want zijn politieke opvattingen deel ik niet, maar de beledigingen die ik hier beluister kan ik niet verdragen!

Mijnheer de Abbé kent mij niet, maar ik ben de rabbijn Sam Job, die u tijdens de oorlog zijn vrienden toevertrouwde.

Op een nacht moest er eentje door de bergen naar Zwitserland vluchten met een gids, en toen Abbé Pierre zag dat de man schoenen met gaten droeg, heeft hij hem zijn eigen sandalen gegeven en is hij op blote voeten in de sneeuw naar zijn kerk teruggekeerd!" Nu uitte zich de ontroering van de mensen in een ongekend enthousiasme.'

76

Zodoende. Nog niet op de helft van de 255 blad-
zijden, ben ik al van mijn geloof gevallen.

De eerste Nederlandse missionarissen waren ex-
zoeaven; katholieke jongens die rond 1870 naar
Italië gingen om Pius ix en zijn Pauselijke Staat
te verdedigen tegen Garibaldi. Martelaren. Zouden
vervolgens in hun dooie eentje heel China, Afrika en Zuid-Amerika katholiek gaan maken; zulke
belachelijk herculische taken dat hun verschijning
sprookjesachtig werd. Het eenzame schoen-
lappertje dat in één nacht honderdduizend paar
soldatenlaarzen moet verstellen, wat nooit gelukt
zou zijn als de eekhoorns hem niet zouden hebben geholpen. Missionarissen waren Vredesapos-
telen die, slechts gewapend met rozenkrans en
brevier en volslagen onbekend met de landen en
volkeren die zij tot Gods Koninkrijk moesten bekeren, mochten rekenen op een gemiddelde le-
vensduur van vijf jaar; geteld vanaf de dag van
aankomst in het hun toegewezen kersteningsge-
bied. In de opleiding tot missiepater werd aan
taal, klimaat en cultuur van het werkterrein geen
enkele aandacht besteed; geen jota wisten zij er-

van. Rond de bevolking die zij dienden te bekeren hing een dik rookgordijn.

Dat weerhield hen er niet van zich onverschrokken in hun zendingsarbeid te storten. Wat kon hun gebeuren? Niets toch zeker? Kwamen zij immers niet het ware geloof brengen? Derhalve veegden zij voor de zekerheid alle oude gebruiken die zij ter plekke aantroffen als verderfelijk en nutteloos van tafel. En zodra een heiden de vereenvoudigde, aangepaste catechismus uit zijn hoofd kon opzeggen was hij katholiek, mocht hij gedoopt worden en was zijn ziel gered.

Vijftig jaar geleden heb ik zelf, op aandringen van een katholiek vriendinnetje, nog links en rechts gebedeld voor die missie; alle familieleden, buren en kennissen bewaarden de wikkels van hun chocoladerepen voor mij.

Toen ik haar na een half jaar mijn tot een tennisbal geknede pond zilverpapier presenteerde, maakte ze het een dag later uit.

Nu Pater Dirk in de hemel is blijf ik hier op aarde weliswaar nog even achter met een nooit meer te delgen schuldgevoel, maar ben ik tenminste verlost van de angst dat er weer een op mijn eigen typemachine getikte brief uit Flores tussen de post zal zitten; een brief waarin Dirk voor de zoveelste keer zal vragen wanneer die grote televisieshow over hem nu eindelijk wordt uitgezonden.

Watuneso 9-6-92

Beste Kees en Liefje

Eerste plaats natuurlijk geweldig
bedankt voor al jullie goedgaven en we hopen het mooie werk wat je hier
gedan hebt, k gunde jullie de vacantie dagen aan de kust van harte en meer
Nu stuur k deze brief over Maumere naar HHolland aan je compagnon over Ende
zien wie m het eerste krijgt.
Kern Watuneso zijnde stemmen al geteld, Golkar de meeste zoals k ook ver
wachtte wel niet wenste maar wat doe je aan zo n corrupte boel, je had
moeten zien hoe de mensen het stembriefje inhanden kregen.
Dit schr jf papier is allerbest, ook daarvoor nog bedankt, k hoop er
nog vele brieven op te kunnen schrijven aan jullie, ibu Dona heeft
er ook al een gevraagd, nekoord door de schoonheid.
En nu maar achten tot de hele boel inelkaar gezet is en we horen
wanneer het uitgezonden wordt, ben zeer en zeer benieuwd, op alle reacties
die er dan zullen komen. Nog mo ie toekomst muziek
Zeg allerliefste liefje en aanhang
Gods rijkste zegen en beste wensen
vnd altijd dankbaar blijvende blijde zwerver Gods
in het stikhete droge dromenland van
Flores

TH J Visser svd
Watuneso
Pos Maumere
Flores
Indonesia

Garuda Indonesia

Twee jaar lang ontving ik eens per maand een dergelijke missive van Pater Dirk Visser svd. Het duurde telkens een week voor ik zijn brief open dorst te maken en daarna nog twee weken voordat ik schaamkreunend terugschreef dat een hele film over hem er op de Nederlandse televisie niet in zat.

En dan vroeg ik hoe slecht het met zijn heup ging en hoe goed het weer was en dan hield ik met mijn hand al half binnen de busgleuf mijn brief nog even vast en mompelde ik: dag Dirk, ouwe flapdrol; nou niet meer terugschrijven, alsjeblieft.

Maar een maand later landde er weer een blauwe luchtpostbrief op de deurmat, want Dirk weigerde zich bij de feiten neer te leggen.

Wij hadden niet alleen zijn goedgelovigheid onderschat, maar ook zijn koppigheid en ijdelheid. En natuurlijk zijn inchristelijke menslievendheid; de bron van heel zijn doen en laten.

Ik vond het intussen wel interessant staan om onder kennissen af en toe te laten vallen dat ik contact had met een missionaris; alsof ik eigenhandig een scheur had getrokken in de vaagsluier die ik altijd om katholieke mensen heen heb willen voelen hangen.

Wie als jonge jongen 'niks was' en ook maar één keer verliefd is geweest op een katholiek meisje, die heeft dit eerste grote gewetensgevecht niet zonder kleerscheuren overleefd.

Als je met haar wou trouwen moest je katholiek worden.

En niet alleen jijzelf, maar ook je beide ouders, broers en zussen en ooms en tantes in de eerste lijn. Je zou stijver gekleed moeten gaan, als katholiek. En je moest naar een andere kapper. Bij jezelf thuis, waar ze eikenhouten meubels zouden moeten nemen, durfde je niks over je verkering te zeggen en bij haar thuis zat je zwijgend in de woonkamer, met boven de deur dat kruis waar je bij komen en gaan onderdoor moest. Aan de wand hing een plaatje van de duivel, waarvan zij zei dat hij 's nachts door de kamer vloog. En je zou op een katholieke voetbalclub moeten, waar je de eer voor ieder doelpunt moest delen met God.

De katholieken onthielden ons het complete leven.

Van de wereld, die van ons allemaal was, hadden ze brutaalweg een enorm stuk ingepikt en hier een hek omheen gezet.

Daarom waren Erik en ik, allebei niks, in het begin zo gecharmeerd van Dirk: dat hij zich vaak vaagzangerig afvroeg of het katholieke geloof wel de enig ware godsdienst was.

Dirk twijfelde. Geen moment aan het nut van alles wat hij op Flores uit de grond had gestampt, maar voortdurend aan de valsheid van de vlag waaronder hij zich hier een halve eeuw uit de naad had gewerkt.

En dat zei hij allemaal hardop en recht in de camera en wij zwijmelden van eerbied voor dit uitstervende heldenleven en wij gaven elkaar een knipoog wanneer Dirk tekeerging tegen zijn eigen bisschop of tegen de paus; dat zou de smeuïgheid van onze film alleen maar ten goede komen!

Het had best een integere doorsneedocumentaire kunnen worden wanneer Erik en ik Pater Dirk niet zo het hoofd op hol hadden gebracht en wat minder onbezonnen aan de slag waren gegaan. Op Flores hadden wij zorgvuldiger moeten draaien en terug in Holland had ik meer tijd moeten vrijmaken om mijn DAT-bandjes af te luisteren en uit te tikken (voorzover de gesprekken met Dirk verstaanbaar waren, want ik werkte voor het eerst als geluidsman) en wij hadden helder op een rij moeten krijgen welke shots er bruikbaar waren (Erik draaide voor het eerst met een nieuwe camera en worstelde nog met de scherpte).

En de lens besloeg voortdurend.

En achteraf hadden wij natuurlijk veel eerder moeten melden dat het hele feest niet doorging.

Erik is producent van de films die hij zelf als cameraman draait. Erik is dag en nacht bereid zijn zevenenzeventig talenten, zijn tijd en zijn portefeuille in de strijd te werpen om mensen en zaken die hij de moeite waard acht onder de aandacht van zoveel mogelijk anderen te brengen. Erik heeft een tijdje honderd kilo gewogen.

In 1990 trok hij tweeënhalve maand door Indonesië. Ik sprak hem de dag na zijn terugkomst en hij was, zoals na elke reis, idolaat van een stuk of vijf mensen die hij onderweg had ontmoet.

De indrukwekkendste was, buiten kijf, een achtenzeventigjarige pater; Dirk Visser van de Societas Verbi Divini, die in 1946 tegen zijn zin op Flores was gestationeerd.

Vertel Erik. Ach man, zo prachtig! In die schitterende natuur kom ik daar die man tegen en die gek blijkt allemaal kapellen op dat eiland te hebben gebouwd. Eigen ontwerp. Het wemelt ervan. En ze hebben stuk voor stuk het zelfde blauwe puntdak en een blauwe klokkenspits. Want dat blauw verschiet niet, in die permanente zon. Heeft hij ook zelf bedacht. Eigenlijk een hondsbrutale ingreep. Ze vloeken gewoon in het landschap, die kapellen. Schitterende shots kunnen dat worden.

Het zijn er honderdenzeven, om precies te zijn. Geweldig fascinerende man! Dan zegt hij bijvoorbeeld tegen mij: ik blijf in wonderen geloven. Als die poot van mij nou beter wordt, word jij dan katholiek? Een prachtmens, maar met een grote wrok. Hij zal niet lang meer leven. Zijn lichaam moeten ze in zee donderen voor de vissen, zegt hij. Dan heb ik nog enig nut, want ik ben toch niks meer waard.

Ik loop op een middag met hem op een brug over een droge kali in zijn parochie, in Watuneso, die heeft hij gebouwd met studenten van de TH in Delft die brug, scheelt daar de mensen elke dag vier uur omlopen, in die krankzinnige zon, die zoetklamme geuren, de krijsende vogels, zulke prachtige kinderen, die hele overdonderende natuur! Ik ga een nieuwe camera kopen. Het is natuurlijk een sfeer waarin je wat ontvankelijker bent dan normaal, dat weet ik ook wel, maar wij lopen daar samen en ik haal diep adem, ik dacht laat ik als ongelovige nou ook eens blijk geven van enig geestelijk leven en ik vraag hem: vader? Vond ik wel mooi klinken, vader. Je laat je toch meeslepen door de status van zo'n figuur. De geur van heiligheid. En nattigheid, want intussen zweet je als een otter. Of het nou een pastoor, een rabbi of een dominee is – je doet je nou eenmaal beter voor dan je bent, dat is de crux van het hele systeem. Ik zal maar zeggen zoals je voor een mooie vrouw je buik inhoudt. Dus ik vraag: vader, als ik niet gelovig ben, hoe moet ik dan uiting geven aan de dankbaarheid

die ik af en toe voel, zoals hier, nu ik het idee
heb dat ik zo honderd jaar door zou kunnen lopen, tot het einde der tijden, in dit paradijs; hoe
laat ik dan merken dat ik niet helemaal van God
los ben? Toen draait hij zich om, de man heeft
hele doordringende, helderblauwe ogen, en daar
ketste precies de zon in en ik voelde mij als een
stripfiguurtje, een soldaat die ineens voor de ge-
neraal staat en die Dirk die zegt: 'Zeg af en toe
maar dankjewel, dat is genoeg.' En dat zinnetje
dat deed het hem. Laten wij een documentaire
over die man maken, gewoon voor onszelf, voor
de lol. Ik de camera, jij geluid. Wanneer kunnen
we? Nu de agenda's trekken!

In mei 1992 landden Erik en ik, acterend dat wij
een geroutineerde filmploeg vormden, op Maumere; het grootste vliegveldje van Flores.
    Een jaar daarvoor had de paus een bezoek
aan het eiland gebracht, voor de duur van één
etmaal. De bewoners hielden er een betonweg
aan over, die recht van de enige landingsbaan
naar het grootseminarie in Ledalero leidt.
    Vanaf Maumere, waar wij ons voor drie da-
gen vestigen in een paalbungalow van het Sea
Beach Hotel, is het oostwaarts nog zestig kilometer rijden naar Watuneso, het hart van de parochie van Pater Dirk. Die rit duurt drie uur en
verveelt geen seconde omdat je je aandacht voort-

durend moet verdelen tussen magistrale verge-
zichten en levensgevaarlijke tegenliggers; elke
motor vervoert minimaal drie passagiers en aan
iedere gammele vrachtwagen hangen ten minste
twintig schaterende jongens. En die hebben dus
allemaal geleerd hoe je katholiek moet zijn.

Dat pausbezoek, zal Dirk later meesmuilen,
was ook bedoeld geweest als een receptie voor de
pastoors, aan wie beloofd was dat ze een half
uur lang vragen aan de Heilige Vader mochten
stellen; maar eerst hield die prul van een bisschop een toespraak van twintig minuten en toen
sprak de paus een dankwoord en toen waren er
nog maar vijf minuten om vragen te stellen!

– Wat had u de paus dan willen vragen? vraag
ik, terwijl ik ongemerkt mijn DAT-recorder probeer aan te zetten.

Langzaam tilt Erik de nieuwe camera voor
zijn rechteroog.

We zitten op het platje voor Pater Dirk zijn
poppenhuisje.

In de enige kamer staan een tafel, een stoel,
een wit ziekenhuisbed en een kantoorkast waarin, verspreid over vier metalen planken, wat boeken en een krankzinnig aantal doosjes en tubes
met medicijnen tegen alle denkbare aandoenin-
gen. Uiterste houdbaarheidsdatum 1 januari 1982,
filmt Erik. Ik zie Stephen Hawking staan.

Zojuist heeft Dirk kraaiend onze geschenken

uitgepakt. De honkbalcap van de New York Yankees stond hem prima, maar die heeft hij meteen doorgegeven aan Rafa, de dromerige, elfjarige jongen die fungeert als zijn manusje van alles. Het kind holde naar huis om de wonderpet aan zijn moeder te laten zien en was tien minuten later hijgend terug met twee lokale vruchten voor de vreemde gevers.

Ook hadden wij een kleine wereldontvanger voor Pater Dirk bij ons; mijn oude, gereviseerde Remington typemachine en het door Marga Kerklaan samengestelde, bij AMBO verschenen boek *Het einde van een tijdperk*; 130 jaar persoonlijke belevenissen van Nederlandse missionarissen. Ik was niet helemaal gerust op dit laatste cadeautje en bang dat hij zich de titel persoonlijk zou aantrekken, maar bij het eerste doorbladeren moesten hem wel zeven oprechte potjandosies van het hart; zo mooi vond hij vooral de foto's. Dus wij zaten goed, Erik en ik.

– Wat had u de paus dan willen vragen? vraag ik nog een keer, want Dirk is een tikkeltje hardhorend.

– Hoe dat met die drie miljard verdoemden moet natuurlijk! roept hij gramstorig, maar daar was geen tijd meer voor! Er waren drie pastoors aangewezen die vragen mochten stellen en ik was de derde en na de tweede, die flapdrol van een Pastoor Kersten van Wolowaru, was de tijd om en ging hij eten in het grootseminarie, die hansworst van een paus! Bleef ik sodejuutje met mijn vraag zitten en ik had het jandorie toch zo graag willen weten hè!

Rafa, zijn rechteronderarm in vuil verband gewikkeld, staat naast de hoge bamboestoel en leunt slaperig met zijn hoofd op de schouder van onze missionaris. Af en toe plukt hij, met zijn goede hand, een pluisje van Dirk zijn Kerko overhemd uit 1964. Zijn vriendje zit op de grond, met zijn hoofd achterover tegen Paters knieën. Murw geïnformeerd als wij zijn door de griezelverhalen over praktijken binnen de padvinderij, de psychiatrie en het pastoraat, zien wij een omkaderd schandaal over seksueel misbruik door Nederlandse missionarissen voor ons, in de Volkskrant.

Waar blijven tussen haakjes de onthullingen van uitgetreden nonnen over het lesbisch schrikbewind dat de moeder-oversten moeten hebben uitgeoefend tijdens de zusteropleidingen?

Maar zo mogen wij niet denken. Dit is kinderlijke onschuld en die komt hier van beide kanten.

– Willen jullie een biertje? vraagt Vader Dirk.

Wij gedragen ons als oppassende zonen en zeggen in koor dat we liever een Sprite hebben. De eerste gekko begint zijn naam te kikkeren.

– Mooie hansworsten zijn jullie, moppert hij; je laat me verdullemme toch niet met die hele krat

89

bier zitten hè? Laat ik er dan zelf maar eentje nemen!

We zijn in anderhalf uur zo vertrouwd geraakt met die grijsbebaarde, vierkante hollandse oerkop, dat ik besluit de gok te wagen.

– Wat zijn de mensen hier toch aanhankelijk, begin ik bedachtzaam; als je zo'n jongen nou toch ziet.

– Maar ze schamen zich hè, zegt Dirk.

– Toch wel? vraag ik verbaasd.

– O God nou, ze schamen zich zo snel. Dat verband heeft zijn moeder al minstens tien keer afgedaan. Zijn arm hè. Zijn arm is verbrand, onder dat verband. Maar dan komt hij steeds naar mij en dan moet ik het er weer omheen doen. Dat is heel, ja, hoe zal ik het zeggen hè?

– Ziet het er dan zo erg uit, daaronder?

– Welnee, alleen die huid is zo strak en die rare glans van jeweetwel, van brand. Maar zo'n jongen schaamt zich en dat zit hier heel diep, want het lichaam is heilig. Hij heeft geen vader meer hè. Weten jullie wat er met zijn vader is gebeurd? Dan moet je niet gaan lachen hoor. Maar zijn vader is uit de tuin gevallen. Dat zullen ze wel niet geloven, als ik dat zeg op de hollandse televisie!

– Nou nee pater, dat is nog niet zeker, tempert Erik; het is helemaal niet gezegd dat u op de televisie komt, maar we zullen het proberen. We

91

kunnen natuurlijk niks beloven.

– Dat komt we hadden twee jaar geleden een orkaan hier, vervolgt Dirk onverstoorbaar; en zijn vader was buiten aan het werk en toen is die arme man uit de tuin gevallen. Was achter hun huisje, had die man een kleine akker. Maar dat zijn hier allemaal terrassen hè, van die mooie vlakke velden als bij jullie in Holland dat hebben ze hier niet, dat is hier tien keer harder werken voor die arme mensen vergeleken met die godsliederlijke luxe van jullie daar hè, dus had de wind die arme man opgetild en zo honderd meter naar beneden op de rotsen gedonderd. O nee dat mag ik niet zeggen. Nou ja, jullie zijn zelf ook maar rare flapdrollen!

Dat mag hij graag doen Dirk, een beetje epateren. Dan gaan zijn oogjes glimmen, jubelen zijn tenen in zijn badslippers en krijgt hij iets stouts over zich. Kijk ik eens een kwajongen van een priester zijn, speelt hij dan.

– Rare flapdrollen, zegt hij nog een keer uitdagend.

Ik hou niet zo van vlotte oude mensen, doe nu al of ik hem even niet gehoord heb, kijk naar het venstertje van mijn recorder en zeg: Toch kan ik me voorstellen dat je hier eerder in de verleiding komt dan in Nederland.

– In wat voor verleiding? vraagt Dirk argeloos.

Achter de degelijke bril met het gebarsten

rechterglas twinkelen zijn ogen. Niet uit schalks-
heid, maar puur van de gezelligheid. Wij zijn de
eerste Nederlanders sedert drie maanden. Kenden wij die toevallig? Dat waren Hermsen en De
Koster van de TH in Delft – zulke aardige kwas-
ten. Die kwamen nog een keer terug om hem te
helpen met een nieuwe waterput te slaan.

Ik denk: zal ik hem rechtstreeks vragen of hij
homofiel is? Dat hij daarom zijn priesterschap
beter heeft kunnen vervullen; dag in dag uit
bedolven onder de aanhankelijkheidsbetuigingen
van deze prachtige zachte jongens?

Maar waarom zou die bekentenis mij opluch-
ten? Kan ik niet tegen de gedachte dat iemand
werkelijk onthecht en aan de vleselijkheid voorbij
zou zijn? Het komt allemaal door de televisie.
Als er een camera bij is stuur je automatisch op
bekentenissen aan. Onthullingen, deconfitures;
anders is het gesprek niet interessant.

– Ik kan me voorstellen, hervat ik ranzig, dat je,
als de kinderen zo op je schoot klimmen, dat je
dan sterk in je schoenen moet staan.

– Je bent een vader voor ze hè, zegt Dirk ver-
ontschuldigend. Hij zegt het niet om de intimiteit
te rechtvaardigen, maar om het belang van zijn
positie te relativeren.

– En hoeveel misdienaartjes heeft u opgeleid?

– O God, wel drievierhonderd. Dat komt je
moet het een beetje leuk voor ze maken natuur-

lijk hè. Dus als ze braaf naar de mis waren gekomen, dan huurde ik een chauffeur met een vrachtwagen en dan ging ik daarna met ze zwemmen in zee, bij Pena Basar. Vergis je niet hè, dat is een dik uur rijden vanaf hier. Jullie hansworsten in Holland denken daar van Flores, dat is een mooi eiland, die liggen daar de hele dag aan het strand, maar zo is het niet hè. Dat zou meer als een dag lang lopen voor die stumperds zijn. En dan reed ik er op de motor achteraan, want het laatste stuk was nog twintig minuten te voet over een kronkelpaadje, maar dat ging niet meer met die kapotte poten van mij, dus ze moeten mijn lichaam straks maar in zee donderen. Dan word ik tenminste nog opgenomen in de voedselketen.

– Gek eigenlijk, dat het altijd alleen maar jongetjes zijn, die misdienaartjes, houd ik vol.

Dirk haalt zijn schouders op. Dat heeft de kerk nou eenmaal zo besloten, zegt hij. Anders worden ze natuurlijk veels te veel afgeleid.

– De priesters? vraag ik.

– Nee de jongens en meisjes natuurlijk! roept hij met een zo eerlijke verontwaardiging om deze domheid, dat mijn laatste restje twijfel erdoor wordt weggenomen.

– Dat snappen jullie hansworsten toch wel? Waarom denk je dat de mannen en de vrouwen in de joodse synagoge uit elkaar moeten zitten?

– Dat ze niet met elkaar gaan zitten flirten, hoor ik Erik vanachter zijn camera proberen.

– Nou ik weet niet hoe dat allemaal heet, zegt Dirk en nu wordt hij langzaam kwaad, dat zien wij aan de manier waarop hij onze ogen loslaat en opzij begint te kijken en dan krommen zich zijn tenen in de badslippers. Erik zoemt erop in.

– Maar wat ik wel weet dat is dat er nu bij de mis nog maar tien of twintig jongens komen, omdat de nieuwe pastoor het zonde van het geld vindt om die vrachtwagen te huren voor naar het strand te rijden. Maar het zijn kinderen hè, dus die moet je een beetje belonen met een zekere lekkernij. Kijk als je niet werkt, als je je handen niet kan gebruiken of als je geen leiding kan geven, ja, dan ben je eigenlijk alleen actief als sacramentsboer noem ik dat maar; dat wil zeggen je doet dopen, heilige missen opdragen, de biecht aanhoren, huwelijken inzegenen en begraven. Maar zo'n hooghartige figuur die met een heilig smoelwerk de hele dag bezig is om wijn in het bloed van Christus te veranderen, nee, daar voel ik geen roeping voor en zulke pastoors geef ik graag het heilige kruis achterna hè. Ik heb mij altoos veel meer een ontwikkelingswerker gevoeld. Maar ja, iedereen heeft natuurlijk zijn eigen stijl. En dat is ten leste ook de bedoeling van de missie; dat wij onszelf overbodig maken.

– Dus u bent nu met pensioen Pater Dirk? vat Erik opgewekt samen.

95

We krijgen in de gaten dat we hem in toom moeten houden, anders zitten we straks met uren gesnater en het gaat om de kern van de zaak. Welke kern? Dat weten wij nog niet.

– En u wilt niet terug naar Nederland? vraag ik.

– O God nee, spaar me! Nooit meer, voor geen honderdduizend gulden! roept Dirk.

– Maar u kunt dus in Ledalero gaan wonen, in het grootseminarie, stelt Erik vast.

– Jawel, maar ik blijf natuurlijk liever hier in Watuneso, bij mijn schaapjes. Maar ja, dan heb ik de hele dag de duivel in over de nieuwe pastoor, als ik zie wat die allemaal doet.

– Komt die nieuwe pastoor van hier?

– Nee, zegt Dirk strak; uit Larantuka.

– Waar is dat dan?

– Op de oostpunt van het eiland. Dat is allemaal bekokstoofd door de heilige oplichter.

Hij maakt een wegwerpend gebaar voorbij de Muskaatboom.

– De heilige oplichter?

– Zo noem ik hem tenminste. De bisschop. Maar neem nou bijvoorbeeld de biecht. Bij mij kwamen de mensen biechten, want daarna vroeg ik ze of ze wat nodig hadden en of ik ze ergens mee kon helpen, maar bij de nieuwe pastoor komen ze ook bijna niet meer biechten hè, niemand! En dat missen de mensen, de genade. Ja, bij jullie op de televisie, dat hoor ik wel eens van

Nederlanders, wat een Sodom en Gomorra het daar is. Op de televisie mogen ze alles zeggen, dus daar doen ze feitelijk aan biechten, maar dat is geen biechten hè. Want Willem Duys en Mies Bouwman of hoe die flapdrollen allemaal mogen heten, ja ze zullen het best goed bedoelen, maar die kunnen de mensen geen genade geven hè. Dat is een vreselijk goedkope vergeving hè, de televisie. Zo is het sacrament nooit bedoeld geweest! En die biecht, ja, ze kwamen niet naar mij omdat dat nou van Rome moest, maar omdat ze de kans hadden om eens lekker uit te huilen. En je moet als pastoor altijd zoeken naar een soort evenwicht nietwaar: hoe breng je hier materiële vooruitgang zonder dat ze ontmenselijken, dat is het grote probleem! Want voor de mensen hier in Indonesië is het hoogste ideaal om niet te werken en toch te eten te hebben.

– Hoe bent u het eigenlijk geworden, missionaris? onderbreek ik hem, want we zouden zijn levensverhaal vertellen, dus laten we in hemelsnaam bij het begin beginnen.

– Nou ik hoorde als jongen een keer een kapelaan preken in de Vituskerk in Hilversum, schakelt Dirk moeiteloos terug; en dat was kapelaan De Wit en die legde het zó mooi uit, de godsdienstles! De heilige Mis, zei die, is ons offer. Wij tezamen met Christus. Christus is de wijnstok en wij zijn de ranken en de bladeren. Zo wilde ik missionaris worden, priester-missionaris. Toen ben ik beland in Deurne en toen in de vierde klas van de HBS moest er Grieks en Latijn bij. En op 1 april 1946 krijg ik mijn benoemingsbrief en ik dacht heuselijk dat het een grap was. Want ik had opgegeven dat ik naar China wou of naar Afrika, maar niet naar de tropen hè. En ik lees: je moet naar Flores! Nou mijn wereld stortte in hè. Maar op 8 september 1946 ben ik hier gekomen en ik heb er nooit een minuut spijt van gehad. Ik ben drie keer verplaatst, maar mijn opvolger heeft zich doodgereden en toen bleef ik; vijfenveertig jaar in één parochie. Dat moeten jullie er vooral bij zeggen, in het programma. Ik heb gepatrouilleerd te paard van Noord tot Zuid, het hele eiland over. Ik ben één keer gevallen in de afgrond, maar ik bleef tegen een boom hangen. Het paard viel verder en was dood en ik zei tegen de mensen: jullie mogen het paard opeten.

Nee, ik werd heel gauw geaccepteerd want ik ben een kindervriend en dat hebben de kinderen en hun ouwe lui meteen door. En daarna heb ik vijfentwintig jaar die motor gehad. Ik weet nog dat ik in het begin voor de kinderen zonder handen op dat ding door het dorp reed hè, dat vonden ze prachtig, zo met losse handen in de lucht. En heel vaak kinderen achterop genomen natuurlijk. Maar ook vrouwen naar het ziekenhuis, als er problemen waren met de zwangerschap. Hij deed het nog prima, maar ik kan er nou niet meer op rijden met die rotheup, dus ik heb hem aan Senus Maximus gegeven, die nieuwe pastoor dan, dat hij ermee op patrouille kon gaan. Maar wat denk je? De volgende dag heeft hij hem verkocht! Aan een vriendje van hem. Dus daar heb je weer zoiets. Ach er is ook in die missie onderling altijd een verschrikkelijke hoop haat en nijd en heibel geweest hoor!

Neem nou de Witte Paters. Dat was ook een fraai stelletje maar niet heus. Die hadden zulke goede contacten en relaties met Rome, dat ze de paters van de Heilige Geest, die al jaren in Midden-Afrika zaten, die de gewoonten kenden, die de taal hadden genoteerd – dat ze die toch gewoon naar de kusten van Afrika hebben verdreven, weg uit hun eigen parochies! Dat is toch een godgeklaagd schandaal! En dat is dan die ene onverdeelde Katholieke Kerk! Ik heb ook wel gelezen in dagboeken van andere missionarissen, als je dan leest over een klein kindje, ik weet nou niet waar dat was, maar daar staat dan dat de pater heeft genoteerd: dood van de pokken, maar gedoopt, God zij dank! Dat had ik de paus dus willen vragen, hoe dat valt te rijmen! Dat is mij een enorm mysterie hè.

– We moeten even stoppen pater, zeg ik; mijn bandje is vol.

— Ik heb toch geen rooie ogen op de camera hè,
vraagt Dirk aan Erik; want je ziet wel foto's waar
de mensen met van die rooie ogen op staan en ik
wil niet dat ze in Nederland straks een pater met
rooie ogen op de televisie zien, alsof ik heb zitten
huilen. Want ik zeg je: ik ben hier vanaf de eerste dag niet anders dan blij en dankbaar geweest!

Op die eerste dag, toen Dirk dit allemaal vertelde, wist hij nog niet dat ik er zelf regelmatig op
kwam, op die verdoemde televisie. Dat zou hij
pas later horen, van andere Nederlanders, die in
zijn oude kantoorkast de foto van ons drieën zagen staan, die wij hem uit Nederland hadden op-
gestuurd.

Daarna was hij met geen mogelijkheid meer af te brengen van het idee dat ik een avondvullend programma over hem op het scherm zou kunnen verzorgen.

Achter Dirks rug loopt al een tijdje een slanke, elegante vrouw heen en weer met schalen, potten en manden. Zij heeft de rijzige gratie van een prinses. Dat is Ibu Dona, zegt Dirk; een dochter van de radja die hier nog de lakens uitdeelde toen ik hier voet aan land zette.

Ibu Dona leidt het door Dirk gebouwde kleuterschooltje. Ze wisselen respectvolle blikken, als man en vrouw in een goed huwelijk. In Nederland zie je wel eens zo'n middelbaar echtpaar dat in volkomen harmonie een haringkraam of een bloemenstal drijft.

– Zij is zo'n beetje mijn huishoudster, verklaart hij; en ze kan geweldig koken hè, dat zul je wel merken. Ibu Dona!

Ze staat er meteen, ernstig kijkend met haar groene ogen. Dirk praat zakelijk maar liefdevol, in het Bahasa Indonesia. Zij zal ons laten zien waar wij vannacht kunnen slapen. Ze maakt een kleine buiging en wij volgen haar. Erik en ik hebben intussen allebei saki prut; dat klinkt leuk, maar is diarree.

– Willen wij dit? fluistert Erik in mijn hals, als wij in onze doorweekte hemden achter Ibu Dona aan sjokken. Ze wijst met neergeslagen ogen, de zedigheid wint het van haar nieuwsgierigheid, op een uit beton- en golfplaten opgetrokken schuurtje. Er zit geen deur in het gebouwtje en ik denk een slang te zien wegglijden onder het linker van de twee metalen stapelbedden.

– Kakkerlakken? vraagt Erik aan de hoek rechtsboven.

Wij tellen vier doorgelegen kapokmatrassen, een emaillen waskom op een piëdestal en rechts in de hoek een gebladderd Mariabeeldje.

– Nice, zeg ik tegen Ibu Dona. Dirk Visser heeft het zichzelf zonder woordenboeken leren spreken, maar ik heb na drie bezoeken aan Indonesië nog altijd niet onthouden hoe je Mooi zegt.

– Ik schaam me dood, zegt Erik.

En terecht. Hoeveel erbarmelijke, angstwekkende nachten zal onze gastheer op dit eiland hebben doorgebracht? Wij zijn twee verwende schijtlaarzen die het in hun broek doen bij de gedachte dat zij, al is het maar voor tien uur, hun avondwhiskey, hun stromend water en hun klamboe zullen moeten missen. Twee Neckermannetjes die liever de drie uur naar het Sea Beach Hotel in Maumere terugrijden, dan morgenochtend hier in Watuneso op een toiletpot zonder bril te moeten plaatsnemen.

– Ik zeg het hem wel, zeg ik.

Op de veranda ligt Rafa te slapen aan de voeten van Dirk, die in het boek over de missie zit te lezen. Ik sla mij pathetisch voor mijn hoofd en roep dat wij onmiddellijk weg moeten, helaas.

Eerst begrijpt Dirk het niet.

– Voor het materiaal, zeg ik bezorgd; wij moeten nu weg.

Zijn mond valt open. Hij heeft zijn bovengebit uitgedaan.

– Maar Ibu Dona heeft met eten op jullie gerekend! roept hij verontwaardigd.

– Voor het materiaal, herhaalt Erik; we moeten het materiaal dat we vandaag hebben gedraaid vanavond nog spotten.

– Spotten? vraagt Dirk.

– En timen, vul ik aan.

– Anders weten we niet wat we morgen moeten draaien, beweert Erik.

– En het geluid gelijk leggen, zeg ik ernstig tegen hem, omdat ik Dirk niet durf aan te kijken. Schooljongens die willen gaan spijbelen en de bovenmeester voorliegen dat ze naar de begrafenis van hun moeder moeten.

– Nou ja, daar heb ik allemaal geen verstand van, zucht Dirk; jullie zijn vaklui. Als het maar een mooie film wordt. Maar gaan we dan morgen een paar kapellen filmen en de Mariagrot? Want dan zullen ze in Nederland niet weten wat ze zien en dan komt er misschien nog wel geld voor tien kapellen binnen!

– We doen ons best vader, beloof ik.

Maar dat deden we nu juist niet. Wij pakken haastig onze apparatuur in en lopen naar de huurauto. Als wij nog een keer omkijken zien we Ibu Dona, haar handen gespreid in onbegrip, terwijl Dirk uitlegt dat haar avondmaaltijd zojuist is afgeblazen.

Pas na een uurtje rijden durven we iets te zeggen.

– Ik ben bang dat ik nog nooit iemand zo heb beledigd, zeg ik.

– Ik weet het wel zeker, zegt Erik; morgenochtend gehele crew voor straf om vijf uur op.

– Weten jullie wat ik hier lees? roept Dirk ons de volgende morgen tegemoet. Het is negen uur en hij houdt zijn nieuwe boek omhoog. Niets aan de hand, alles vergeven en vergeten, denken wij opgelucht. Daar zijn pastoors ook voor.

– Kennen jullie toevallig ene A. Roland Holst? vraagt hij. Ik lees hier net dat die in 1946 een reis maakte met De Oranjefontein, naar Zuid-Afrika; dus dat was precies het jaar dat ik hier aankwam! Daar gaat hij zijn vriend Jan Greshoff bezoeken. En dan ontmoet hij aan boord een Witte Zuster, die op weg is naar haar missiepost en dan maakt hij een gedichtje voor dat mens en dan schrijft hij aan zijn liefje, kijk hier staat het: 'ik heb een bewondering, niet zonder iets als een soort heimwee, voor levens, die zich zo onvoorwaardelijk begeven buiten de kringloop van alle genietingen der zintuigen, om zich geheel aan anderen te kunnen wijden.' En ik begrijp wel wat die beste man bedoelt, maar ik heb het nooit als een opoffering ervaren, want mijn zintuigen zijn hier totaal bevredigd. Dus als ik een bloem zie bloeien, dan zie ik ook God. En daarom vind ik die Stephen Hawking, hoe heet hij, die van de Big Bang, dat is zo dom! Ik begrijp wel dat die man door zijn mismaaktheid en in zijn eenzaamheid, dat hij heel goed kan nadenken over alles, maar God is toch Alles? God is het begin en het einde, dus hoe kan daar nou nog iets voor zitten?

– Even wachten vader, waarschuwt Erik; dan zet ik de camera aan.

– Ik heb een storing in het geluid, zeg ik.

– Misschien was dàt wel God, wat ervoor zat, probeert Erik; dat wat wij God noemen de zoon van de Big Bang is.

– Dat is een ontzaglijk domme, dwaze opmerking! bitst Dirk. Dan geloof je dus niet in God! En de man die niet in God gelooft, die is niet te verontschuldigen. Zo'n bloem vertelt mij van de schepper en alle vissen, alle dieren, jij niet? Onverontschuldigbaar zijn ze! De hoogmoed om niet in God te geloven, daar kan ik mij toch zo kwaad om maken! Neem nou een kunstenaar. Hoe durft zo iemand te denken dat een schilderij van hem zomaar vanzelf ontstaan kan zijn? Dat is toch God die dat maakt, die jouw hand leidt?

106

Want maak jij maar eens een schilderij, nou al ga je naar de Noordpool, maar datzelfde schilderij dat zul jij niet vinden, nergens, nooit! Dat is toch al het bewijs van God? Maar ik heb daar een enorm probleem mee en daar kom ik jandomme maar niet uit hè? Met vier miljard mensen zijn we toch op de wereld?

– Geluid loopt, deel ik mede.

– Daar is nog niet 1 miljard christen van, zegt Dirk ongelovig; zeg maar katholiek en christen samen. Nou, die drie miljard mensen, wat moet daar dan mee? Voor mij is dat een groot mysterie. Dat er driekwart van de wereldbevolking zo hopla naar de verdoemenis zou gaan! Zo kan Gods reddingsplan met de mensheid toch niet bedoeld zijn?

– Wie zegt dat dan? vraag ik. Nu slaat mijn metertje pas uit, dus wat Dirk hiervoor gezegd heeft kunnen we vergeten.

– Nou de katholieke kerk vanzelf! Als het katholieke geloof het enigste ware geloof is dan gaan er drie miljard mensen naar de hellepoel! Kijk en dat had ik nou aan de paus willen vragen, maar net toen ik aan de beurt was was de tijd op. En zometeen is mijn eigen tijd op en dan heb ik daar verdikkeme geen antwoord op gekregen. En als het katholieke geloof niet de enigste ware godsdienst is, dan is toch de hele geschiedenis van Christus een toneelstuk? Afijn, nu moet ik mij gaan verkleden, want om elf uur is er een heilige mis.

– Fantastisch! roept Erik; en wie doet die mis dan Pater? De nieuwe pastoor?

– Nee ik, zegt Dirk. En misschien is het wel de laatste keer, dus dat kunnen jullie dan mooi laten zien, voor de televisie.

– En de misdienaartjes? vraag ik; mogen die daarna naar het strand? Heeft u de vrachtwagen besteld?

Gepijnigd kijkend is hij opgestaan, maar nu glimlacht Dirk vertederd.

– Daar moet je een paar filmrollen voor bewaren hoor! waarschuwt hij; dan film je desnoods maar de halve mis, maar als je die knapen in hun blootje in de golven ziet springen, dat is het mooiste wat er bestaat. Hij hinkt zijn kamer binnen.

– We hebben nog een uur de tijd, rekent Erik; dus ik stel voor dat we een praatje met die nieuwe pastoor maken.

Dat lijkt mij een prima idee. Hoor en wederhoor. Zo krijgt onze documentaire langzaam vorm. Hilversum zal er nog om vechten.

Pater Senus Maximus woont in Dirks oude parochiehuis, aan de andere kant van de kerk. Wij vragen beleefd belet.

De nieuwe pastoor noodt ons niet binnen, maar wij mogen op een bankje op het terras gaan zitten. In de hoek zien we Dirk zijn oude motor staan en uit de woonkamer waait Michael Jackson.

Pater Senus Maximus draagt een zonnebril, die hij tijdens ons gesprekje op zal houden. De situatie is al lichtelijk absurd, maar wanneer er een donkere, maar geblondeerde jongeman in ochtendjas verschijnt die bezig is zijn haar te föhnen, weten Erik en ik dat wij elkaar niet moeten aankijken.

– Is het goed dat wij de eerwaarde een paar vragen stellen?

– Ja dat is goed.

En daar schiet ik als vanzelf in de rol van trotse Nederlander.

– Bent u Vader Visser dankbaar? wil ik van hem horen.

Die vraag had hij niet verwacht en hij blijft peinzend zwijgen.

– Can you stop the föhn for a moment? vraag ik aan zijn huisgenoot. Hij doet het, zuchtend.

– Father Visser learned people pray every month, zegt pater Senus Maximus met een gierige glimlach; I think it is only that father Visser prepare. Good chance for us to follow and make it better for future.

– Father Visser does not want to go to Ledalero, zeg ik.

– Yes, zegt Senus Maximus.

109

– What do you think of father Visser wanting to stay here?

De vriend neemt nu plaats op de oude Triumph, schuift zijn kont naar achteren en neemt de racehouding aan. Erik kan de verleiding niet weerstaan en legt dit snel even vast.

Te snel, zien wij 's avonds; elke plotselinge camerabeweging zijwaarts is onscherp.

– When they are little boy, filosofeert de nieuwe pastoor, father Visser walk here.

– Yes? vraag ik.

– Yes, antwoordt hij.

– And do the people love father Visser?

– He come from rich nation. Some of them understand but not all of them.

– What do you mean?

– That people here have very natural and open. And now I must go study.

– So you don't go to the Mass?

– No, zegt hij en daar laat hij het bij.

Erik laat zijn camera zakken.

– Die motor, denkt hij hardop; we moeten Dirk straks op dat strand zien te filmen. Als we dat blondje nou zo gek kunnen krijgen dat hij achter de vrachtwagen meerijdt om hem dat laatste stuk achterop te nemen?

Ik leg ons plan voor aan de nieuwe pastoor. Het duurt even voor hij begrijpt wat we willen.

– One moment, zegt hij en hij neemt zijn huisgenoot mee naar binnen.

– Maar natuurlijk niks tegen Dirk zeggen, waarschuwt Erik.

Daar is het koppel terug.

– One hundred thousand rupia, zegt de geföhnde motorduivel.

– Yes, bevestigt Senus Maximus.

– Hoeveel is dat? vraag ik.

– Honderd gulden, zegt Erik; dat kost een taxi heen en terug van Amsterdam naar Schiphol.

– Maar dat zijn natuurlijk productiekosten, stel ik voor.

– Daar heb jij weer gelijk in, zegt Erik; nee, prima katholieken heeft Dirk er hier van gemaakt.

De kerk zit bomvol vrolijk kakelende, op hun paasbest uitgedoste parochianen in alle soorten en maten. Ze kijken gehypnotiseerd toe hoe Erik met zijn camera door het middenschip kruipt om een mooi totaalshot te maken van het hoofdaltaar, waarachter een metershoge, gruwelijke muurschildering van een uit honderd wonden bloedende Christus de wand siert. Jezus heeft het hoofd van een Hell's Angel zoals je dat wel geairbrushed ziet op de benzinetank van een Harley-Davidson.

– Kan ik komen Erik? roept pater Dirk uit de deur van de sacristie; ben je klaar voor de televisie, met je filmapparaat?

Er hangen tien jongetjes aan zijn rokken.

– Kom maar Pater! roept Erik en Dirk komt met gevouwen handen tevoorschijn en die tien jongetjes worden er veertig, die hem omstuwen, alsof ze hem dragen.

De kerkgangers genieten stralend van de ceremonie die de oude pastoor hun heeft bijgebracht. Een ander uitje hebben ze niet. Dit is hun televisie en zij zingen mijn metertje in het rood. Dirk schrijdt mank. Stelt hij zich aan? Alleen in onze niet-katholieke ogen. Hij speelt immers niemand na? Wie zou hij moeten imiteren? Jean Gabin als armenpater? Spencer Tracy als gevangenispriester? Hij heeft in geen halve eeuw een film gezien. Wij, boordevol vergelijkingsmateriaal, vinden dat hij het braafbeeld van de goede herder clicheert, maar wij hebben het verkeerd. Het is precies andersom: Dirk was zichzelf en wij speelden een rol; de rol van de cynische verslaggever. Kijk die lieve oude man nou toch mummelen en zegenen en in het bahasa zijn parochianen toespreken. 'Televisie' versta ik en hij wijst op de camera en de hele kerk kijkt om, want Erik heeft inmiddels positie gekozen op het achterbalkon, naast het orgel dat niemand hier kan bespelen.

O God; Dirk vertelt ze dat hij op de Nederlandse televisie zal komen. Alsof dat zijn leven en werken eindelijk rechtvaardigt en pas nu het doel bereikt is. We brengen die mensen hier in de war. Het ware verhaal had vijftig jaar geleden gefilmd moeten worden. Hoe die lange Hollandse jongen hier aankwam en op zijn kleine paardje langs de kampongs ging, zoals een jehovagetuige op zondagmorgen in Nederland te voet langs de deuren; in de niet te schokken overtuiging van zijn godsgelijk. Hadden we daar maar materiaal van: die rare blanke mannen, pratend met handen en voeten, die de nieuwsgierigheid van deze mensen wekten en, als circusdirecteuren met hun dieren, die tegennatuurlijke overeenkomst sloten: wanneer jullie al deze kunstjes uit je hoofd leren, dan zorgen wij voor beter onderdak en krijgen jullie meer te eten. En ook al ben je ziek, je sterft als katholiek.

– Op een andere manier had ik het toch zeker nooit allemaal kunnen doen! antwoordt Dirk nijdig, als wij hem na de mis, zittend in de open laadbak van de vrachtwagen, voorzichtig vragen of hij nooit het gevoel heeft gehad dat elke missionaris zijn parochianen in wezen manipuleert, chanteert en transformeert?
– Hoe had ik anders aan al dat geld voor die kapellen moeten komen! roept pater Visser.
Vier van de veertig misdienaartjes hangen om zijn hals en de rest zingt en springt zich bijna een ongeluk van plezier. Op vijftig meter achterstand, zodat Dirk niks zal merken, knettert

onze gehuurde motorrijder.

– Die kapel moet je filmen! wijst Dirk; ligt die daar niet schitterend! Ik heb die kapellen gebouwd, het zijn er nou honderdzeven, omdat veel te veel pastoors het idee hebben van de mensen moeten maar naar mij komen. En er staat in de bijbel: je moet geen lasten opleggen die je zelf niet zou willen dragen. Er zijn pastoors die eisen dat de mensen 's ochtends vijf kilometer lopen, om naar de mis te komen. Nou, dat hoeven ze van mij niet! Laten ze maar fijn naar hun eigen kapel gaan, om te bidden. Ach er zijn veel te veel pastoors dictators. Ik heb nog een wachtlijst van veertig kapellen. Eén kapel kost tienduizend gulden.

En ik heb mijn werklui, die helpen met de bouw van de kapellen en van de scholen, die heb ik altijd betaald in materialen, maar nooit in geld.

– Waarom niet vader?

– Dan gaat het naar de familie en dan hebben ze zelf niks! Maar als ze mij geholpen hadden met een kapel dan kregen ze het materiaal om zelf een huis te bouwen en dan hadden ze dus geen onkosten meer. Ach het is verschrikkelijk zo asociaal als het hier is en daarom zeggen ze allemaal van Pater Visser is rijk, maar dat komt omdat hij het allemaal anders heeft gedaan dan de anderen.

– Was u de eerste die dat deed, de mensen betalen met materialen?

– Dat doet nòg niemand! Dat vinden ze te duur
of ik weet niet wat. Maar er is hier geen discipline
meer zoals in de Hollandse tijd. Geen strengheid.
De leerlingen komen niet naar school, de onder-
wijzers komen ook niet. Ik heb het ze ook al
eens gezegd in de preek: de grootste dieven van
Indonesië dat zijn de ambtenaren en de onder-
wijzers! Die hebben als enigen een vast salaris en
ze doen er niets voor!

– Maar het zal nog wel even duren voor uw kapellen tapijthallen zijn geworden, zoals in Nederland, grap ik.

– God geve het, zucht Dirk. Maar ik heb toch
een enorme teleurstelling hè. Ik had gebedsgroe-
pen, de kerk zat bijna dag en nacht vol, maar
nou mogen de mensen 's nachts niet meer in de
kapellen komen van het militaire hoofd. En ik
vind dat de kapellen, zoals een kerk, altijd open
moeten zijn.

– Waarom mag dat dan niet?

– Omdat de PDI er een paar keer in vergaderd
heeft in mijn kapellen. De PDI dat is de enige
partij hier die goed is hè.

Golkar is de regeringspartij en dat is allemaal
corruptie corruptie. Dat is de zoon van Soekarno, Boemo, die zit bij de PDI. En zijn vader was
een goede vriend van de missie. Tijdens zijn bal-

lingschap was hij in Flores altijd op de missie. Dan leende hij ons parochiehuis, voor toneelstukken op te voeren en zo. Vanaf de eerste dag dat ik hier kwam wist ik het zeker hè: ik wil Indonesiër worden. En daar heeft Soekarno toen voor gezorgd. Kijk, we zijn er. Hier rechtsaf en dan daar stoppen chauffeur! Dan blijf ik hier wachten met die rotheup van me en dan gaan jullie met de jongens zalig naar het strand. En als jij die zee daar ziet en dan nog niet in God gelooft, dan ben je niet goed snik hè.

De vrachtwagen komt nawaggelend tot stilstand en tien tellen later stopt de vriend van Senus Maximus met Dirk zijn oude motor. Hij zet hem af en fatsoeneert zijn haren in de achteruitkijkspiegel. Helmen doen ze hier niet aan.

– Waar komt die witte hansworst nou ineens vandaan? roept Dirk.

Wij vertellen hem unisono wat wij bedacht hebben.

– Dat is ontzettend aardig van jullie, zegt Dirk vaderlijk; en ik ben in geen tien jaar aan het strand geweest, maar hoeveel heeft die flapdrol jullie hiervoor laten betalen?

– Geen cent vader, zegt Erik. Dus als u nou achterop gaat zitten, dan rijden jullie langzaam met ons mee.

Het nu volgende kwartier heb ik helemaal op video en ieder jaar bekijk ik het opnieuw. De eerste keren stroomden mij binnen een minuut de tranen van het lachen over de wangen.

Maar die werden allengs bitterder van mede-lijden en verdriet. Want toen wij Pater Dirk Vis-ser omzichtig achter op de motor hadden getild, hij kreunde van de pijn, maar hij wilde ons niet teleurstellen en zich zijn laatste kans op het strand niet door de neus laten boren, toen we hem met hulp van Rafa in een voor het kwar-tiertje van de stapvoetse rit te verdragen houding hadden geholpen, toen ging de berijder op zijn kickstarter staan, maar wilde de motor niet aan-slaan.

En nog een keer niet en nog een keer niet.

– Geen gas geven flapdrol, riep Dirk en tegen ons zei hij: die kerel stinkt een uur in de wind naar de odeklonje.

Dat zei hij nog luchtig, maar toen de machine na twintig, dertig pogingen nog niet was aange-slagen, vier verschillende lokale tieners de uit-geputte vriend van de pastoor hadden afgelost, sommige misdienaartjes stuiptrekkend van het la-chen in het zand over elkaar heen begonnen te vallen en Erik zijn camera niet langer stil kon houden, werd Dirk grimmiger en grimmiger en raakte hij door zijn keurige krachttermen heen, zodat hem ten langen leste een zo hartgrondig Godverdomme ontsnapte dat ik in een reflex mijn recordertje uitschakelde.

Na een afgrijselijk kwartier hielpen we de rood aangelopen, schuimbekkende Dirk weer met zijn benen op de grond.

– Die lapzwans snapt geen spat van die prachtige motor, hernam hij zich; ik mag lijden dat hij ermee terug moet lopen. Gaan jullie nou maar gauw naar het strand, anders is er geen tijd meer. Ik blijf hier wel wachten, onder die boom. En wees maar niet bang dat ik mij verveel, want ik heb genoeg te overdenken.

Erik, de misdienaartjes en ik betraden in colonne het woudpad naar het strand, de vernederde eigenaar ging tien woedende meters van zijn motor vandaan op de grond zitten en Rafa hielp Dirk bij het plaatsnemen op zijn rotsblok.

Dirk stuurde hem weg, achter ons aan, maar hij weigerde en bleef.

Een half uur later herinnerde Erik zich dat we heel lang geleden in zee of in het zwembad met onze vriendjes een spel deden dat Ruitertje heette: je zat bij elkaar op de schouders en dan probeerde je een ander duo omver te trekken. Toen heeft Erik het aan zijn rug gekregen en ik aan mijn nek, want de veertig misdienaartjes rustten niet voordat wij voor ieder van hen een keer als paard hadden gespeeld.

's Middags laat arriveren Erik, Dirk en ik, in onze huurauto, nog net op tijd voor de avond-

maaltijd in het grootseminarie van Ledalero.

Wij prijzen het diner van de soep tot en met het trilpuddinkje, maar Dirk zegt dat wij niet weten hoe lekker het eten kan zijn op Flores, omdat

119

wij nooit hebben geproefd wat Ibu Dona alle-maal klaarmaakt. En dat het daar nu te laat voor is, omdat wij morgenochtend weg moeten en dat wij rare flapdrollen zijn, allebei. Er eten nog twee gepensioneerde Nederlandse paters met ons mee, die op het woord flapdrollen quasi-gege-neerd hun lepel laten zakken en 'hoho' en 'daar heb je Dirk weer' zeggen, terwijl zij ons een knipoog geven.

– Rare flapdrollen! herhaalt Dirk dus nog een keer.

Met z'n drieën leiden zij ons rond door het gebouwencomplex. Driehonderd jongens stude-ren hier voor priester. De bloeiende binnentuin vergoedt de gescheurde muren, de gebarsten ra-men en de plasjes water op de gangen.

– Hier slaap ik vanavond, zegt Dirk aan het ein-de van de derde gang; want Pater van der Borch moet morgen naar Wolowaru en die zet mij te-rug af in Watuneso. En in deze kamer zou ik dan kunnen gaan wonen.

Hij opent deur 107 en wij zien een smalle, ge-bladderde cel zonder uitzicht. Bed, stoel, tafeltje, kast. Dirk kijkt ons blanco aan; nu eens zonder iets te zeggen.

Net als de stilte pijnlijk wordt, barst er ouder-wetse Rock en Roll-muziek los. Het komt van halverwege de gang en de andere paters staan al te kijken, onhandig half in de deuropening van een lokaal waar vier jonge priesterstudenten, ieder in zijn eigen ritme, een gitaar, een synthesizer, een bas en een drumstel mishandelen. Als wij naderen en het kwartet ziet dat we een camera bij ons hebben, gaat hun aanstellerij onmiddellijk over de schreef en probeert hun gitarist de duckwalk.

– Bekeerd hoeven ze niet meer te worden, maar als je het niet een beetje gezellig voor ze maakt, zijn ze hier binnen een maand weer weg, zucht Dirk; maar dit moet je niet vertonen op de televisie, beloven jullie dat?

Dat beloven wij en nog veel meer.

– Jullie hebben mijn zegen, zegt Dirk.

– Zoudt u dat nog een keer in de camera kunnen zeggen Pater? vraagt Erik.

– Jullie hebben mijn zegen, zegt Dirk en dat waren zijn laatste woorden.

Erik en ik gaan nog een week revalideren op Bali en als wij in Nederland terugkeren ligt er al een brief van Pater Dirk Visser svd, waarin hij vraagt wanneer zijn show wordt uitgezonden.

Wij bekijken ons materiaal en zijn het er snel over eens dat het onvoldoende kwaliteit heeft. Documentaires maken is een vak apart. Maar wij schrijven lafhartig terug dat we nog aan het monteren zijn.

Dirk wordt per brief ongeduldiger.

Uiteindelijk durf ik hem te schrijven dat er geen omroep in Nederland is die een hele show aan hem wil wijden, maar dat ik een kwartiertje aandacht aan hem zal besteden in het televisieprogramma van Van Kooten en De Bie.

Dat heb ik ook eerlijk gedaan. Aan het begin van een nieuw seizoen speelde ik dat ik worstelde met een groot aantal zijnsvragen. Ik liet zien dat ik Pater Dirk had ontmoet en dat ik zo onder de indruk was van zijn wijsheid en levensvreugde, dat ik overwoog katholiek te worden.

We vertoonden de brug en de kerk, wat kapellen en een paar van zijn prikkelende uitspraken.

Ik stuurde hem een kopie van de band van onze uitzending en schreef dat er een heleboel geestdriftige reacties waren gekomen en ook giften. En Dirk schrijft terug dat hij inderdaad van Nederlanders heeft gehoord dat hij op de televisie was bij die hansworsten van Van Kooten en De Bie, maar kun je nagaan wat voor een geld er binnen zal komen als het een show van een paar uur is! En dat dit voorproefje alvast herhaald moet worden want hij heeft een heleboel mensen gesproken die ervan gehoord hadden, maar die hem niet gezien hebben. En hij zelf ook niet want het vhs-systeem kunnen ze niet afspelen in Ledalero. Daar zaten alle paters klaar om naar hem te kijken, maar toen paste de cassette niet.

Dus zet Erik onze uitzending over op Beta-
max en voor de zekerheid ook op VCR en we
zenden Dirk die banden en het geld voor de
bouw van 1 kapel, in de hoop dat we hem nu tevreden hebben gesteld en dat hij niet langer om
het onmogelijke zal blijven vragen.

Dan wordt Flores op 12 december 1992 getroffen
door een aardbeving met een kracht van 6.8 tot
7.5 op de schaal van Richter.

We sturen een lange bange brief naar Watuneso (Zijn er dorpelingen onder de 1200 doden,
zijn Rafa en Ibu Dona niet gewond? Staan de
kapellen er nog?) maar we krijgen geen antwoord. Dan schrijven we naar het seminarie in
Ledalero en twee maanden later krijg ik een be-
richtje van Pater van der Borch, die meldt dat
Pater Dirk Visser hier zijn intrek heeft genomen
maar erg hard achteruit gaat.

Van Dirk zelf hoor ik niets meer.

Wel ontvang ik deze brief uit Flores:

Wat bedoelde Dirk hiermee? Was het een wraak-
neming? Hoe heeft hij ooit zo'n werelds verzoek
kunnen laten passeren? Van het gevraagde geld
voor die ene gitaar had hij een kapel kunnen la-

ten bouwen! Of wilde hij ons laten zien hoe ver-
loederd zijn werk was geraakt, hoe voor niets het
allemaal was geweest; God weet hoeveel bruggen
en kapellen verwoest, zijn opvolger een onbe-
trouwbare kinderhater en priesterstudenten die
hun opleiding afbreken om rockmuzikant te worden.

Als ik een jaar later via de tamtam te horen
krijg dat Pater Dirk is overleden, ben ik bescha-
mend opgelucht.

Dit pak van mijn hart maakt mij duidelijk dat
ik bij die drie miljard verdoemden behoor.

Met het oude gereedschap van mijn vader doe ik eens per maand kleine karweitjes in mijn ouderlijk huis. Het zijn klusjes die meestal een paar uur uitlopen, omdat er vaak dingen afbreken of de stoppen doorslaan.

Dan vraagt mijn moeder of ik niet beter kan blijven eten.

Wanneer mijn reparaties direct gevaar opleveren (een lam lichtknopje dat nu een schok geeft, een tuindeur die klemde en nu helemaal niet meer open kan of een kraan die niet meer dicht wil), durf ik mijn moeder niet in haar eentje achter te laten en gaan wij bij haar om de hoek bij de Chinees eten.

– Hoe heette dat nou ook alweer, wat ik zo lekker vond? vraagt mijn moeder aan mijn arm.

– Mihoen Goreng toch? antwoord ik, alsof ik er zelf ook even niet op kon komen.

– Mihoen ja! Als ik jou niet had en mijn beide ogen niet, dan was ik stekeblind.

– Wie zei dat ook alweer altijd?

126

– Jouw moeder.
– Maar dat ben jij toch?
– Mijn moeder, bedoel ik natuurlijk.

Wanneer we weer terug zijn, ook de buitendeur klemt nu, herstel ik de gevaarlijkste uitglijders en dan loopt het tegen tienen en vraagt mijn moeder of ik niet beter bij haar kan blijven slapen, want zij heeft ze geteld en ik heb drie biertjes gedronken bij mijnheer Tong Au.
– Dan kruip je lekker bij mij in bed, stelt zij voor.

Maar dat wil ik niet en dat hoeft ook niet, want op de tweede verdieping bevindt zich nog altijd mijn jongenskamer met het eenpersoonsbed. Ik heb een paar maal geprobeerd er de nacht in door te brengen, maar de matras heeft door al die onbeslapen jaren haar veerkracht verloren en de volgende morgen was ik gebroken. En nu dus meer dan ooit.
– Ik zal eens een nieuwe polyether matras voor dat oude bed van mij kopen, zeg ik aan het ontbijt en mijn moeder belooft het oude kapokgeval aan een student van schuin aan de overkant, die er ongezien dolblij mee was, dus ik moest nu eens een keer woord houden, want volgens mijn moeder sliep die arme jongen al maanden op de kale vloer.

Ik zag op tegen de omslachtige aanschaf in een betere beddenzaak, waar ze mij vanzelfsprekend een heel nieuw ledikant zouden aanpraten en omdat het donderdag was ging ik, met mijn achterbank alvast platgeklapt, langs de grote Haagse markt. Daar staan mannen met matrassen die direct van de fabriek komen.

Ook fietsen, pannen, kostuums, schoenen, broodroosters en haardrogers komen hier direct van de fabriek of hebben lichte waterschade.

Mijn matras moest 90 centimeter breed, dik, hard en niet te duur zijn.

In een beddenwinkel, met al dat naar binnen kijkende publiek, ga je niet zo makkelijk proefliggen, maar op de markt reageert men minder bigot en het is mooi weer, dus laat ik mij door de beide verkopers boven op de stapel van de 90 x 200 centimeter matrassen helpen en vraag, na een minuutje ernstig wippen, op mijn rug en op de buik, hoeveel mijn nieuwe logeerbed moet kosten. Gezien alle onderscheidingen en extra's waarop mijn matras kan bogen, valt de prijs geweldig mee.

Over de hele oppervlakte schreeuwen als langspeelplaten zo grote glimmende plakkaten dat het binnenwerk voor een periode van dertig jaar wordt gegarandeerd, dat het handgestikte bovendek zelfademend is, het viervoudig verend vermogen in Fort Lauderdale is ontwikkeld door de

Nasa, dat de winterzijde snurkwerend is geïmpregneerd en de zomerkant voldoet aan de Eurogereglementeerde sluimerlimiet en dat er geen dierproeven aan de fabricage van deze matras zijn voorafgegaan.

Maar wanneer ik bij mijn moeder de nieuwe matras als een tegenstribbelend lijk de trap op heb gezeuld, naar mijn oude kamer, willen die reuzenstickers er niet af. Zij zijn er muurvast op geplet. Nou, laat ze dan zitten. O ja? Zodat de winterzijde van mijn matras maar op halve kracht kan ademen? Nee dat moet allemaal weg en eraf en verwijderd. Ik begin te peuteren en te scheuren, maar trek slechts rare taartpunten los; spitse splinters en glimmende flinters die driekwart van de irritante plakkaten onverlet laten. Mijn moeder roept van beneden of ik thee wil en ik schreeuw neehee omdat ik het dode punt al gepasseerd ben en nu niet meer kan stoppen: als ik die plaksels niet tot en met de laatste weerspannige snipper krijg losgenageld is al het voorafgaande gekrab en gepulk voor niets geweest. Ik ben mij er ziedend van bewust dat ik mijn kostbare tijd niet zinlozer kan besteden, maar ik kan niet meer terug. Geen slappere gedachte dan Laat maar.

– Wil je dan koffie? roept mijn moeder.

– Nee ook geen koffie! schreeuw ik tegen de vloer.

Anderhalf uur later geef ik het op. Ik heb het geprobeerd met warm water, tussen mijn tanden en met een oud scheermesje maar mijn nieuwe matras zal tot in de eeuwigheid de sporen van die obscure fabrikant blijven dragen.

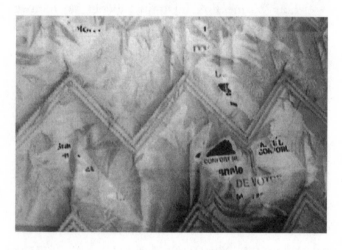

Ik ga naar beneden om mijn fototoestel uit mijn auto te halen.
– Ligt hij lekker? vraagt mijn moeder.
– Heerlijk! hijg ik.
– Wil je dan misschien een biertje? vraagt ze.
– Heel graag mam.
Boven maak ik een foto van het punt tot waar ik voor altijd gestrand ben. De matras leunt log tegen mijn kamerwand, maar van vermoeidheid kan ik mijn camera niet stilhouden.

– Blijf je slapen? roept mijn moeder.

– Ja laat ik dat maar doen, roep ik terug.

– Wil je dan morgenochtend koffie of thee? vraagt ze.

Zo, van beneden, haar best doend om die vraag zo gewoontjes mogelijk te laten klinken, herhoor ik de stem van mijn moeder voor het eerst sinds 1961.

– Willen jullie morgenochtend koffie of thee? Dat riep ze toen even opgewekt en zangerig. Ik lag in dit bed, op de oude matras en de vrouw van mijn leven was voor het eerst bij mij blijven slapen.

En alles zachtjes, zachtjes, dat ze beneden niets zouden horen.

Eerst denk je: hoe bestaat het. Dat zo'n onge-
looflijke smiecht, want dat was het, op zo'n dui-
zelingwekkend hoge positie terecht is gekomen.
En dan niet in het bedrijfsleven, waar de mis-
daad doorgaans wel wil lonen, maar in de Europese politiek; waarbinnen hij zich tot taak had
gesteld de fraude en corruptie onder ambtenaren
met wortel en tak uit te roeien.

Maar omdat hij al het gewriemel rond en onder hem in 1956 al doorzag en die blik er sinds-
dien alleen nog maar breder en scherper op is
geworden, zal geen Europarlementariër ooit kunnen bewijzen dat H. zelf de allerhoogste ondoor-
zichtigheid vertegenwoordigt; onwankelbaar zete-
lend binnen zijn eigenhandig in Brussel opgetrokken Euronevel.

Op een van god gegeven moment in het leven
begrijp je dat zo iemand dit alles alleen maar
heeft kunnen bereiken *omdat* hij zo'n schurk was.
Met boeven vangt men boeven.

Ik heb een gerenommeerde Amsterdamse advocaat geraadpleegd en hem de eerste versie van dit verhaal laten lezen.

– Precies dezelfde dingen heb ik zelf ook uitgehaald, vroeger op school, zei mr. P. weemoedig; wij konden bijvoorbeeld met een ijzerdraadje binnenkomen in het hok van de conciërge. Maar je mag dat iemand niet nadragen.

– Maar het is tweeënveertig jaar geleden! sputterde ik tegen; wat geeft dat nou? Er bestaat toch zoiets als een verjaringstermijn?

– Dat doet er niet toe, zei de advocaat; als jij het in een boek zet, dan blijft het bestaan. Hier geldt de wet van de continuïteit. En als hij vijanden heeft en dat kan bijna niet anders op die positie, dan kunnen die daar misbruik van maken. Stel dat je bij Wim Kok in de klas had gezeten en je zou vertellen, ik zeg nu maar wat, wat jullie met bepaalde meisjes hebben uitgehaald.

– Hij had niks met meisjes.

– Bij wijze van spreken. Als het eenmaal gevestigde magistraten zijn, bestaat dat verleden zogenaamd niet meer. Dan verdwijnt zo'n periode kunstmatig in de mist. Ik heb het met vriendjes van mij ook wel, dat waren regelrechte spitsboefjes en eentje is er zelfs rechter geworden. Privé, met een borrel op, willen ze nog wel eens ophalen wat ze destijds allemaal hebben uitgespookt, maar en public willen ze daar niks meer van weten, want dat kan je carrière ruïneren.

– Dus dan hebben we het in feite over een taboe, mokte ik.

– Ik vrees van wel. De streken die iemand heeft uitgehaald in zijn vlegeljaren mag je hem niet meer aanrekenen wanneer hij eenmaal een maatschappelijke positie heeft bereikt waarvan onkreukbaarheid het hoofdbestanddeel uitmaakt.

– Maar ik klaag hem toch niet aan? protesteerde ik zwakjes; het is een lofzang op de schoolvriendschap, een ode aan de jeugd!

– Dat kan allemaal wel zo zijn, zei de advocaat, maar we leven nu eenmaal in hysterische tijden en wanneer een of ander roddelblad hierin duikt, dan kan het die vroegere vriend van jou zijn kop kosten.

– Dus niet zijn ware naam noemen?

– Niet doen. Zelfs niet de juiste initialen.

– En die klassenfoto?

– Niet publiceren. Als er andere klasgenoten zijn die hem herkennen en naar een krant stappen, breng je die man in de grootste problemen. Tenzij je dat zou willen.

– Nee natuurlijk niet, voor geen goud!

– Waarom heb je het dan überhaupt opgeschreven?

– Omdat ik wil dat hij het leest. En hij het niet vergeten is. En hij erom moet lachen. Dus dat hij nog dezelfde is.

Ik zag hem gisteren voor het eerst sinds tien jaar terug op de Belgische televisie, in een politiek discussieprogramma. Wij zijn nu allebei 57, maar H. was in mijn ogen geen spat veranderd. Wanneer H. en ik elkaar zouden treffen op een reünie in 2030, als de laatste overlevenden van het klassenjaar 1955, zullen wij allebei vinden dat de ander geen dag ouder is geworden; dat is de troostende constante van de schoolvriend die je leven lang dezelfde jongen blijft.

Vreemde jongens of meisjes die onverhoeds aan de klas werden toegevoegd wanneer het schooljaar al een paar maanden was gevorderd, waren altijd voor even onweerstaanbaar.

Onze klas, het derde jaar van het gymnasium te P., telde zeven meisjes en drie jongens toen H. arriveerde.

Dat was feest. Een nieuwe leerling brak de sleur en moest nog helemaal worden achterhaald en uitgeplozen; de aantrekkingskracht school, ongeacht het uiterlijk, in de binnengebrachte nieuwe buitenwereld. En dan zag H. er ook nog eens beregoed uit, zoals dat toen heette. H. droeg beregoeie kleren, had een beremooi hoofd en haalde berehoge cijfers. De hele eerste week na zijn spectaculaire entree huppelden de zeven meisjes uit onze klas arm in arm en giechelend door de gangen. Maar hij woof ze weg. H. maalde niet om meisjes.

Zijn blonde hoofd met de koelblauwe ogen, de volle mond en de klassieke neus, stond niet naar zulke kinderachtigheden. H. hield zich met volwassener zaken bezig. Hij ging op een subtiel vrijpostige manier met de docenten om, wat de houding van onze leraar Klassieke Talen, dr. K. de W., die wij kenden als een spartaanse cynicus, binnen een maand dermate versoepelde dat hij zelfs hardop met ons meelachte wanneer de briljante H., na de juiste Nederlandse versie vlekkeloos te hebben opgelepeld, nog een alternatieve vertaling van een paar verzen Homerus ten beste gaf.

Op schoolfeestjes rookten wij wel eens met twintig jongens 1 pakje Black Beauty leeg, maar H. had altijd en overal een prijzig doosje Dunhill-sigaretten op zak. Onze ogen rolden uit hun kassen toen wij zagen hoe hij het bestond om, tijdens een middagpauze op het schoolplein, onze conrector een sigaret te presenteren. Toen de goede man even aarzelde of hij dit dure rokertje wel kon aannemen, hield onze nieuwe klasgenoot (op zijn groene, halfhoge suède schoenen en in zijn originele legerparkajas met echte bontkraag) hem het vlammetje van zijn gouden Ronson-aansteker zo dwingend onder de neus, dat de heer Ter W. niet durfde te weigeren en ze samen een amicaal rondje hebben lopen paffen. Met diezelfde Ronson had H. de dag daar-

voor, halverwege het uur wiskunde, de prullen-
bak onder de tafel van juffrouw C. in vlam gezet. Toen onze lerares in paniek van haar les-
podiumpje sprong, tilde H. met demonstratieve
tegenwoordigheid van geest de fikkende metalen
cilinder boven zijn hoofd en verliet in looppas
het leslokaal om onder het fonteintje in de gang
het vuur te blussen.

Toen hij het lokaal weer binnenbeende riep
H., streng en gemaakt scheel ons hikkende klasje
inspecterend: wie heeft deze misselijke grap uitgehaald?

Juffrouw C. was toen al gesmolten.

– Buitengemeen flauw, werkelijk buitengemeen
flauw, mopperde H. met exact de stem van dr.
K. de W., terwijl hij weer aan zijn tafeltje plaats-
nam en meteen driftig begon te pennen om de
kostbare verloren minuten in te halen. Onze wis-
kundelerares stiftte opnieuw haar lippen, in een
trillend spiegeltje.

H. rookte niet alleen, hij dronk ook al.

Elke woensdagmiddag gingen wij (H., Jaap,
andere Jaap, en ik) biljarten in café De Duinroos, op een pleintje in de buurt van onze
school. Om de ballen voor een half uur te huren
moest je eerst een kostbaar kwartje in de tijdklok
gooien, maar daar had H. precies passende, ver-
lopen Zweedse muntjes van tien öre voor bij
zich.

De twee biljarts van Café De Duinroos stonden in een zijzaaltje, haaks op een bar die alleen bij feesten en partijen werd gebruikt. Wanneer eventuele andere biljarters waren uitgespeeld en vertrokken, pakte H. de pommeranskrijtjes van de band van beide biljarts, stopte ze in zijn zak en gaf andere Jaap en mij de opdracht om, in het eigenlijke café, twee nieuwe exemplaren aan de kastelein te gaan vragen.

– En hou de brave borst even bezig, voegde hij hier elke keer aan toe.

Nu klom H. ongehinderd op de bar en pakte op zijn gemak driekwart volle flessen vermouth, port en sherry van de hoge toonplank. Vervolgens trok hij zich terug op het toilet, waar hij het wc-raampje opende en de buit buiten op de smalle vensterrichel plaatste, waaronder zijn tot een vermogen van 90 kilometer per uur opgevoerde Puch bromfiets stond te steigeren op zijn standaard, zodat hij straks zonder verdachte bulten in zijn jas De Duinroos kon verlaten; maar nooit zonder de glunderende kastelein een gulden fooi te geven en ten afscheid 'ad fundum!' te roepen. En wij erachteraan met droge kelen van de zenuwen.

Zo kon het dus ook. Dit was het grote leven, althans daar vast een voorschot op. Zo ontsteeg je aan de alledaagse burgerwurg en tuttenprut. Die hele school was bijzaak, daar ging het niet om, moest je gewoon even doen. H. had onze werkelijkheid een volle radslag gekanteld. Hij had niet alleen de lesuren tienmaal spannender gemaakt, maar ook ons brave begrip 'na schooltijd' op zijn kop gezet.

Per vierhonderd leerlingen telde elke middelbare school in de jaren vijftig één jongen die door de leerlingen als Bink, en door de docenten als Boef werd gekenschetst, maar wij hadden het unieke geluk dat H. ook door het lerarenkorps als een beschaafde bink was bestempeld.

H. was kortom van internationale klasse en door zijn superieure stijl en intelligentie een paar maten te groot en ongrijpbaar voor alles en iedereen uit de in die jaren nog zo brave Benelux.

Later lazen wij literaire verhalen over Nederlandse schelmen, maar H. liet ons leven uit de eerste hand. En niemand had hem door; enkel Jaap, andere Jaap en ik, dachten wij.

Op een zondagochtend in 1956 kwam H. met zijn Puch aan de deur van mijn ouderlijk huis. In ons straatje was nog nooit een Puch gesignaleerd. Je moest zestien zijn om een brommer te mogen berijden en H. was pas vijftien maar toen die brommer al ontgroeid. Met zijn verveelde zit gaf hij te kennen dat hij binnen twee jaar, als hij zeventien zou zijn, in de begeerlijkste aller auto's door Den Haag zou rijden; als hij tegen die tijd tenminste niet elders met heel iets anders aan de gang zou zijn.

Mijn moeder ging opendoen. Mijn vader zat, halverwege een verbaasde hap, in zijn pyjama aan de ontbijttafel.

– Welke gek belt daar op zondagmorgen? vroeg hij. Ik wou dat ik niet thuis was.

– Een buitengemeen goedemorgen mevrouw, hoorde ik de doorrookte stem van H. zalven; ik ben H. Wat een aparte kleur groen is dat, die blouse van u.

Het bleef even stil. Mijn vader liet zijn paplepel roerloos in het luchtledige hangen.

– Dat heet geloof ik olijfgroen, hoorden wij mijn moeder zeggen.

– Als het Jehova's zijn de deur dichtgooien! riep mijn vader naar ons halletje.

– Het is H., zei mijn moeder, terug in de kamer; ik vroeg of hij geen kopje thee wilde, maar hij wou alleen maar wat over jullie huiswerk vragen.

Ik verliet de kamer.

– Jullie hebben toch een tuintje K.? vroeg H.

– Een heel klein tuintje, zei ik.

– Maar wel een tuinslang? vroeg H. Hij had de zonnebril van Prins Bernhard op.

– Ik geloof van wel, zei ik.

Toen zei H.: daar heb ik een meter van nodig.

140

Ik vroeg nog: nu?

– Nu, benadrukte H.

– Ik vertrouw die H. niet, zei mijn vader in de tuin. Hij had zijn colbertjasje over zijn pyjama aangetrokken.

– Het is voor natuurkunde, zei ik; we hebben morgen een proefwerk over de waterdruk en H. heeft geen meetmateriaal.

Met de plantenschaar kortte ik onze trouwe tuinslang twee meter in, bijna tot op de helft.

H. rolde de slang geroutineerd tot een bol onder zijn oksel, ritste zijn parka dicht en spoot op alleen zijn achterwiel onze straat uit.

– Ad fundum! riep ik hem achterna, maar niet hard genoeg.

In die jaren waren de benzinetanks nog nauwelijks voorzien van sloten. Dus draaide H. de dop van een onbeheerd geparkeerde brommer los, stak het ene uiteinde van ons stuk tuinslang in de vreemde tank, nam een met de tongpunt gestopte slok tweetaktbrandstof en leidde het dichtgeknepen andere uiteinde zijn eigen tweelitertankje binnen. Omdat hij daarbij zijn Puch scheef hield, zodat deze lager stond, kon de gratis benzine nu moeiteloos worden overgeheveld.

Nu schiet mij ook nog te binnen hoe H., uitgevist hebbende dat onze leraar biologie fout was geweest in de oorlog, op een warme achtermiddag in een van stilte zoemend practicumlokaal plotseling hardop zei: maar ook Churchill had bloed aan zijn handen.

En daarna strak 's mans gezicht aflas. Zo nam hij weer iemand in dienst.

– Het is buitengemeen belangrijk dat wij zoveel mogelijk van alle leraren weten, drukte hij ons regelmatig op het hart.

Bij de rest van het docentenkorps, te bang, te stijf of te dom om enig spel mee te kunnen spelen, brak H. simpelweg in. Van de lerarenkasten in zes lokalen had hij sleutelkopieën laten maken, zodat hij onze 's ochtends blanco ingeleverde velletjes desgewenst in de grote pauze uit de stapel proefwerken kon lichten, zodat Jaap, andere Jaap en ik, met ons drieën op het toilet zittend, in een razend tempo alsnog de juiste antwoorden konden neerpennen.

– Niet alle vragen correct beantwoorden! waarschuwde H. door de deur. Wij roken dat hij een Dunhill had opgestoken.

– Jullie hebben nog tien minuten, klonk het ontspannen; dan moet ik de stapel redresseren.

Vooral andere Jaap en ik waren als de dood voor de eventuele gevolgen van deze frauduleuze operaties, maar bij H. heb ik nooit het kleinste spoor van zenuwen gezien.

– Het zijn onze eigen cijfers, herhaalde onze voorman voortdurend; of niet soms? Dan mogen wij toch zeker zelf bepalen hoe hoog die zijn?

Dus stonden Jaap, andere Jaap en ik op de uitkijk wanneer H. in een verlaten lokaal de kast opende, het allesbeslissende cijferboekje van de leraar eruit pakte en met zijn vervalserssetje vol gum, potloden, ballpoints en radeermesjes voor 1 gulden een 4 in een 5 of een 5 in een 6 en voor 2 gulden een 3 in een 8 begon te veranderen.

Wanneer wij van een 2 een 7 gemaakt wilden zien, kostte dat een rijksdaalder, wat nu ongeveer 1 euro zou zijn geweest, dus H. zijn prijzen waren alleszins redelijk.

Ik kijk voor de honderdste keer naar de klassenfoto. Jaap en andere Jaap in de voorste bank, dr. K. de W. streng kijkend in het midden staand en de zeven meisjes verdeeld in drie lachende plukjes. In de uiterste hoek van het lokaal, helemaal achteraan, staat H. Wij dragen allemaal een schoon vest of truitje of een overhemd met stropdas, maar H. heeft, voor de foto, zijn parkajas aangehouden. Iedereen kijkt recht in de lens, behalve de jongen links voor H. Die staat, half omkijkend, idolaat naar hem te lachen. Dat ben ik dus.

Als kind heb je dat niet zo direct in de gaten, omdat je nog denkt dat alles zo hoort als het zich voordoet, maar achteraf was de vader van mijn jeugdvriend René Groenendijk heel eng en raar. Later leerde je dat het exhibitionisme heette, waar de vader van René Groenendijk aan deed, of leed.

Meneer Groenendijk was beslist geen potloodventer en hij werd nooit handtastelijk, maar wanneer wij 's zomers bij René in de tuin speelden, vroeg hij steevast na verloop van tijd: hebben jullie het ook zo warm, jongens?

En dan trok hij wild puffend zijn over- en onderhemd uit. Het klassieke model van dat witte onderhemd zou pas jaren later een basketball-hemd gaan heten, maar toen was het het engste van het engste, om te zien, met een volwassen man erin. Zijn bovenbroek hield hij altijd aan, maar vantussen de band daarvan puilde de overkokende melk van het elastiek van zijn witte onderbroek.

144

– Effe lekker in me blote bassie! riep meneer Groenendijk uitgelaten en dan ging mevrouw Groenendijk woedend met de kopjes rammelend naar binnen. René hing nu radeloos aan een boomtak en deed de stem van Louis Armstrong na. Louis Armstrong nadoen is tien jaar lang een excuus geweest om met opzet veel te hard te zingen en gesprekken die je niet bevielen af te kappen of leven in de brouwerij te blazen. Je kon zo hard Louis Armstrong doen als je wou, want omdat Louis Armstrong de eerste neger was, durfde niemand daar tegen te zijn.

Ook 's winters en binnenshuis kon de vader van René het niet laten. Aan tafel zei hij bijvoorbeeld dat zijn boord schrijnde en dan schoof hij eerst zijn das los en dan, als je even niet keek omdat je wist wat er ging komen, trok hij met gespeelde irritatie zijn hele hemd uit.

Of hij maakte alle knoopjes los, rolde zijn mouwen op tot in zijn oksels en ging stoer met zijn borstkas vooruit zitten.

Als hij dan trots naar beneden keek had hij even anderhalve onderkin, maar verder was meneer Groenendijk maar een schriel mannetje, dat er jammerlijk van overtuigd was dat hij een mooi bovenlichaam had.

Om zijn half ontklede staat te rechtvaardigen, begon hij wild met stoelen te sjouwen en aan de

divan te rukken. Wij hielpen hem niet, want daar vroeg hij niet om.
– We gaan buiten spelen, zei René dan.

Wanneer wij tegen zessen terug naar binnen gingen stond het meubilair weer op zijn gewone plaats en zat meneer Groenendijk keurig aangekleed de Panorama te lezen, aangezien hij ook nog katholiek was.

Maar zodra mevrouw Groenendijk het eten op tafel zette, nam haar man snel een hap soep, riep dat die te heet was, legde zijn lepel neer en begon zich uit te kleden.

Zijn lichaam was half zo indrukwekkend als dat van mijn eigen vader. Dat kreeg ik gelukkig alleen op het strand te zien. Deze vader liep daarentegen de hele vakantie in zijn blote bovenlijf over de camping en op de heen- en terugweg zat hij naakt achter het stuur van hun Volkswagen.

– Ik schaam me kapot, zei René; vooral als hij boodschappen gaat doen, in dat dorpje daar. Volgend jaar ga ik niet meer mee.

Met het klimmen der jaren werd de drang tot uitkleden er niet minder op, bij meneer Groenendijk. En de aanblik van zijn verschrompelende, blote bovenlichaam was elke keer gruwelijker.

Toen René trouwde en zijn vader op de bruiloft onder het dansen met de bruid zijn colbert en hemd uittrok, terwijl hij Rok en Rol! Rok en Rol! riep, heeft mijn vriend hem de volgende dag een wanhopige brief geschreven, waarin hij zijn vader smeekte of deze nu in godschristus-naam nooit meer zo krankzinnig wilde doen, in gezelschap.

Meneer Groenendijk begreep niet waar zijn zoon het over had. Hij was al te ver heen en hij kon het niet meer laten.

Hoe hij het klaarspeelde begreep je niet, maar als je met hem in gesprek raakte, zat hij binnen vijf minuten met een ontbloot bovenlijf; ook toen hij de zestig al was gepasseerd. Hij deed het in het bijzijn van mannen en vrouwen, meisjes en jongens, kinderen en kleinkinderen. Krantenjon-gens, de meteropnemer, de srv-man, later de pizzakoerier: als hij maar een publiekje had. Hij heeft zich zelfs een keer voor de schoorsteenve-ger uitgekleed. Anders werd zijn hemd zo zwart.

Of hij wilde je zijn pokkenprikken laten zien of je moest het merkje in de hals van zijn boord raden. Of hij morste opzettelijk bier en dan moest de natte boel natuurlijk uit, om zolang over de verwarming te hangen. Mevrouw Groe-nendijk was toen al dood.

Vorige week dinsdag moest ik naar zijn begrafe-nis.

147

Het was een uit de hand gelopen longontsteking.

Er waren twee oud-collega's van zijn kantoor, van wie er eentje in zijn zenuwen 'van harte gefeliciteerd' fluisterde, tegen René.

Meer bezoekers waren er niet. René zijn vrouw had al jaren eerder met haar schoonvader gebroken, omdat hij in 1986 Sinterklaas zou spelen, voor hun kinderen, maar het ook toen weer niet kon laten. Ja die tabberd was zo warm en die baard die prikkelde zo.

Ik liep naar de kist en René liep met mij mee.

– Jezus René! zei ik. Het flapte eruit.

– Zo wou hij het toch? vroeg René.

Wijlen M.A.W. Groenendijk droeg glimmend gepoetste schoenen, zwarte sokken, een donkerblauwe pantalon en daarboven stak het geblankette bovenlichaam huiveringwekkender af dan ooit.

ANDIJVIE

Toen ik eindelijk aan de beurt was om mijn boodschappen af te rekenen, zag ik dat er twee vreemde kroppen sla in mijn winkelwagen lagen.

Dan is het gekkenwerk om de kassa achterwaarts te verlaten, met wagentje en al om te keren, tegen de stroom in terug te wielen naar de vers-afdeling om de onbedoelde groenten terug te leggen en ten slotte, dubbel zo zenuwachtig, weer aan te sluiten bij de inmiddels tweemaal zo lang geworden rij voor dezelfde kassa.

Toch doe ik dit, omdat ik door schade en schande wijs moet zien te worden. Bepaalde sociale vaardigheden, waarvan ik de uitvoering dertig jaar lang aan mijn echtgenote heb overgelaten, wil ik alsnog onder de knie trachten te krijgen.

Ik heb bijvoorbeeld nooit geweten hoe andijvie eruitziet.

Ik herken andijvie, zowel qua uiterlijk als qua smaak, wel in klaargemaakte toestand, maar niet in zijn oorspronkelijke gedaante.

Gelukkig staat het er in de supermart bij geschreven, maar als je de eerste keer nog niet weet hoe de groente waar je naar op zoek bent eruitziet, weet je dus ook niet of dat bordje 'andijvie' slaat op de struiken in de bak erboven of eronder.

Ik kreeg onlangs twee vrienden op bezoek waarvan de ene zei dat mijn andijvie spinazie was en de ander, ook een man alleen, hield het op selderij. Maar ik bleek een krop ijsbergsla te hebben gekocht.

In twijfelgevallen zou ik het natuurlijk aan een winkelende huisvrouw kunnen vragen ('het is misschien een gekke vraag mevrouw, maar weet u toevallig of dit andijvie is?') maar dat durf ik niet, uit eerbied. Zo'n drukke dame heeft haar kinderen de oorlog doorgeholpen, duizenden sokken gestopt, nog met de hand gewassen, tien ton aardappels geschild, kilometers linnen gestreken, en dan blijkt een welgestelde middelbare vent in 1999 niet eens te weten hoe een struik andijvie eruitziet. Waar zaten die kerels dan al die jaren? In het café ja, met grote verhalen over alle romans en toneelstukken die ze zouden gaan schrijven, terwijl hun echtgenotes, met een baby op de arm en een ander kind jengelend aan haar rokken bengelend, de andijvie stonden klaar te maken.

Aan een medeman vraag je natuurlijk helemaal niet of dit de andijvie is, want je loopt hier voor elkaar je gezicht op te houden en te spelen dat je een kookgek bent, die zijn ingrediënten het liefste zelf inkoopt. Gelukkig staan er op de weegschaal allemaal kleine gekleurde plaatjes van de voorradige groenten en fruiten. Dat zijn de knoppen waarop je moet drukken om een bonnetje te krijgen. Ik weet nu niet alleen hoe andijvie eruitziet, maar ik herken ook nectarines, aubergines, witlof, spitskool – na vier bezoeken zit al bijna het hele leesplankje in mijn hoofd. Maar hoe kom ik nou toch aan die twee ongewilde kroppen sla? Ik ben alweer bijna aan de beurt. De kasseuse legt het grenslatje op de zwartrubberen loopband en ik begin er routineus mijn levensmiddelen op te stapelen. Ik probeer hier altijd een smaakvol gerangschikt landschapje van te maken. Maar dan kom ik een rare rol beschuit tegen. Heb ik die in mijn wagentje gestopt? Ik eet nooit beschuit. Maar als ik nog iets aan mijn middag wil hebben kan ik niet nog een keer teruggaan. Afwasmiddel, meubelspray, broccoli, harde puntjes, dat klopt allemaal. Maar wat heb ik hier nou weer te pakken? Een tube Steradent? En ik heb nog helemaal geen kunstgebit! Dus ik lach zo breed mogelijk naar het winkelmeisje en ik zeg: voor mijn moeder.

– O, zegt zij.

– Spaart u kuttekopjes? versta ik vervolgens.

– Graag, zeg ik, want ik spaar alles.

Zij scheurt een strookje van een paarse rol zegeltjes, ik betaal en laad mijn boodschappen weer in de winkelwagen. Dan rijd ik naar de hall van de supermart, waar ik uit een wal van afvalkarton een lekker ruim passende doos zoek om de boel in over te laden. Dit vind ik het leukste werk.

Maar de twee kroppen sla, de rol beschuit en de tube Steradent laten mij niet los. Wat is er nou verkeerd gegaan? Ik draai mij om en blijf aan de veilige kant van de vernikkelde klap-tourniquets nog even staan kijken naar de zegeningen van ons poldermodel. Het aantal bejaarde dames is welvarend groot.

Ze manoeuvreren traag en aandachtig met hun wagentjes, zich niet bewust van de doorgang die zij ermee versperren.

Het is een tinkelend ballet op wieltjes. Hardop hun boodschappen repeterend, laten zij het draadijzeren karretje dwars in een schappenpad alleen, doen een paar wankele pasjes naar voren, pakken een pak koekjes en gaan dit op zijn kop staan lezen. Zes koeken tegelijk is natuurlijk altijd voordeliger, ook in je eentje. Maar vier zijn er oud als de kinderen misschien komen.

Toch maar doen. Zonder om te kijken leggen ze de aanschaf achter hun rug in de winkelwa-

gen, die inmiddels een andere winkelwagen is,
want hun eigen winkelwagentje is door zo'n zelfde lieve oude mevrouw twee meter verder ge-
duwd omdat zij er anders niet langs kon. En nu
nog een pak beschuit.

Dat belandt in het karretje van een vreemde
meneer, die achter haar is komen te staan en die
niet ziet wat er gebeurt, omdat hij niet kan kiezen tussen twee dezelfde pakken suiker. Vijf meter verderop tilt een kale heer een pak honden-
voer in de winkelwagen van de mevrouw van de
koeken en slaat hier mompelend de hoek mee
om.

Alle vrouwen hier zijn mijn bejaarde moeder
en ik ben alle middelbare mannen.

Ik weet niet hoe dat tegenwoordig heet, maar de vader van mijn vader was machinist op de wilde vaart.

Wanneer mijn opa met zijn hutkoffer, of was het een plunjezak, zijn huis aan de Haagse Hoefkade 69 verliet, was dat altijd voor een reis van ongekende duur en spanning. Toen wij uit Rotterdam vertrokken, vertrokken wij uit Rotterdam.

In Sebastopol vocht hij met muitende Chinese stokers, in Tallinn, waar ze vast waren komen te zitten in het pakijs, moest hij voor een hongerige ijsbeer terug aan boord vluchten en vanuit Japan nam hij schuine zeemansliedjes mee, waarvan hij er mij op de valreep nog eentje heeft leren zingen, want ik was anderhalf toen hij overleed.

— Wil je Kees nog zien, pa?

— Niet van die stupide vragen stellen Bill.

Dus toen rende mijn vader in een race tegen de spertijd naar ons huis en is hij, achter de kinderwagen met mij erin, teruggesjeesd naar de Hoefkade. Hij kwam gelukkig niet te laat en ik moet in een hoek van de erker zo gek hebben gedaan, dat mijn opa, gaat het familieverhaal, insliep met een glimlach.

De melodie van het Japanse liedje dat hij mij leerde ken ik nog, maar van de tekst herinner ik mij alleen de eerste woorden: o takisan, o takisan. En dan kwam ergens verderop nog iets als kommakokolashi nonono, boemekokala boemekokala.

Mijn ouders vroegen zich tijdens iedere verjaarsvisite in onze volle voorkamer gespeeld geschokt en hardop af wat de door mij gekraaide regels betekenden, maar de letterlijke vertaling van O Takisan heeft mijn opa nooit prijs willen geven. Misschien wist hij zelf niet eens welke schunnigheden wij samen uitkraamden.

Zoals mijn opa voor een grote reis zijn thuis achterliet; daar dook vijfenzeventig jaar later een foto van op.

Ik kende dit document niet, maar vier maanden voor zijn eigen overlijden schreef Gé, de jongere broer van mijn vader, mij een opgewonden briefje: dat er een nieuw fotoboek over Oud Den Haag was verschenen, dat ik onmiddellijk moest kopen! Pagina zevenendertig en of ik de speciale eerstedag-enveloppe waar ik deze brief had uitgehaald, snel naar hem terug wou sturen, voor zijn verzameling.

Hoefkade

Omstreeks 1915 zetelde aan de Christiaan Bruningsstraat 23 de patissier en 'cuisenier' Joh. Staal (v/h L.W. van Baalen). Daarboven, aan de Hoefkade 69, woonde de familie Van Kooten, die hier van links naar rechts present is in de personen van Trijntje van Kooten-van Baerle en haar kinderen Klos (geb. 1911) en Bill (geb. 1909). Laatstgenoemde zou de vader worden van Kees van Kooten, na wiens geboorte op 10 augustus 1941 in de Haagsche Courant een advertentie verscheen, waarin de ouders de hoop uitspraken 'Dat het een echte Hollandsche jongen zal worden'. Achter de drie Van Kootens stond mevrouw Jansen, die kleedster was bij het revuegezelschap van Henri ter Hall.

In de nadagen van dit pand was op de begane grond een sexshop gevestigd. Rond 1995 werd dit gedeelte van de Hoefkade vervangen door nieuwbouw. De foto is gemaakt door C.B. Heynig uit de Siondwarsstraat 52A in Rotterdam.

Ik hield mijn adem in om de loep niet te bewasemen en zag voor het eerst mijn vader van vier.

Op foto's die wij nog niet van hen kenden, leven onze overledenen weer even. Mijn kleutervader heeft mijn frons.

Vanachter dit erkerraam zwaaide hij zijn eigen vader uit.

– Als hij met zijn plunjezak om de hoek was verdwenen, kwam hij altijd nog twee keer terug, vertelde hij later tastend; en dan stak hij zijn pet in de lucht. Twee keer. Daarna kwam hij nooit nóg een keer. Maar de rest van de dag bleef ik natuurlijk wel op de derde keer van dat met die pet zitten wachten. Maar ja, een mens heeft zijn ouders niet voor het kiezen.

De moeder van mijn vader had een gat in haar hand en kon nog niet schrijven. Wanneer de betaalmeester van de Scheepvaartmaatschappij Möller en Co. haar stipt elke negende van de maand het traktement van haar echtgenoot kwam brengen, werd de halve wedde zonder mankeren omgezet in sukadekoek en vruchtencake, waarvoor mijn oma maar op de vloer behoefde te stampen, omdat de familie Van Kooten handig recht boven Banketbakkerij Staal woonde. Alle buren mochten komen meezwelgen.

Als mijn opa ergens ter wereld langer dan een

maand voor anker ging, liet hij bij de plaatselijke fotograaf een feestelijke staatsiefoto van zichzelf maken, die hij verscheepte naar de Hoefkade 69, 's-Gravenhage, Holland, West-Europa.

Daar liet mijn grootmoeder haar gebakje zakken, hees haar twee zoontjes in matrozenpakjes, trok haar lange zwarte handschoenen aan en gaf haar dienstbode ('Mevrouw Jansen, kleedster bij een revuegezelschap') opdracht de wijkfotograaf te gaan halen om een mooi gezinsportret te komen maken. En dat er nog taartjes waren.

Gerard was haar lievelingskind en mocht op schoot. Mijn vader stond met een droeve hoepel naast de gebloemde crapaud. Oma hield de van opa ontvangen foto mooi rechtop, om haar zee-man te tonen dat zijn levensteken goed was ontvangen en dat hier thuis ook alles voor de wind ging. Dit tafereel werd vastgelegd en drie dagen later als een gekartelde ansichtkaart vanuit Den Haag naar de Belgische Kongo teruggezonden.

Soms duurden zijn reizen langer dan een jaar, dus een heuse vader hadden Bill en Gé nooit aan hem gehad.

– En liet jouw vader dan weer een foto van zichzelf maken met die foto van jullie drieën erop?

– Die spullen moet Gé nog allemaal hebben.

Ik ben tot het laatst toe vergeten te vragen hoe-zo, maar Gerard heette als jongetje Klos. Voor mijn kinderen was hij Oom Gé, die zo raar praatte en zo leuk kon goochelen.

In 1948 was mijn vader nog nooit buiten Ne-derland geweest, terwijl Gé, eerst voor de Bataafsche Petroleum Maatschappij en daarna voor Philips, de gehele aardbol bereisde.

Mijn vader was gemobiliseerd in wo 2, Gé net niet.

Gé was wat de mensen een vlotte kerel noemden. Hij droeg kunstzinnige tweedcolbertjes en had ook wel eens een scheve, geruite pet op, wat zijn verschijning een aanstekelijke losbolligheid verleende. Maar op de dag na mijn geboorte is hij met twee witte boterhammen vanuit Eindhoven naar het ziekenhuis in Den Haag komen looppassen.

Gé organiseerde tentoonstellingen in Brazilië, regelde de eerste lichtreclame in Lima en stuurde ons kaarten uit Finland, Columbia en Nederlands-Indië. Ik begon postzegels der gehele wereld te verzamelen. Twee, drie keer per jaar tuimelde hij, altijd onaangekondigd, op landerige zondagmiddagen bij ons binnen met sterke verhalen. Het spannendste dat mijn vader en ik meemaakten was de radio met de voetbaluitslagen van AVRO's Sportrevue, maar Gé was net terug uit Mexico en moest morgen naar Boedapest. Hij was ook de eerste mens op aarde die ik om een glas droge wijn hoorde vragen. Van die ongerijmdheid kregen mijn zusje Anke en ik zo'n onstuitbaar slappe lach, dat mijn vader ons naar de gang stuurde en pas toen Gé onder het genot van een glaasje appelsap, meer hadden wij niet in huis, zijn foto's begon te vertonen, mochten wij weer binnen.

Kijk: op deze kiek zag je hem in een op maat gemaakte cowboybroek van buffelleer op een paard in de Argentijnse pampa en de negen meisjes waar hij hier tussenin staat waren op die tentoonstelling in Buenos Aires de gastvrouwen, maar je moest ze wel achter hun broek zitten.

– Die Gé, lachte mijn moeder koket.

– Die gekke Gé, zei mijn vader ongemakkelijk.

Ik heb mijn vader nooit van harte op zijn broer zien reageren, maar ik begreep wel dat hij flink tegen hem opzag. Wat mijn vader zijn moeder nog steeds verweet – Bill mocht niet naar pianoles, Klos wel – had hij zijn broer uit bewondering vergeven.

Omdat hij de brutale, onbekommerde jongen was die ik later ook wilde wezen, voelde ik mij op een nerveuze manier meer verwant met mijn oom dan met mijn eigen vader.

Op het plafond boven zijn opklapbed had Gé, om maar iets te noemen, toen hij zeventien was een sterrenhemel geschilderd, waaronder een hele vloot Haagse meisjes was blijven slapen. Gé liep de honderd meter in twaalfenhalve seconde en was gek op dieren. Maar wat hij spelen noemde, kwam neer op uitdagen. Door steeds opnieuw naar onze hond uit te vallen en 'hoe spreekt ie dan?' te roepen, waar mijn vader niets van durfde te zeggen, raakte het oude dier zo opgefokt, dat hij nog uren na Gé's vertrek met het schuim op zijn bek lag na te grommen.

Wat aanvankelijk een zwierig mengsel leek van intelligentie, fantasie en levensvreugde, bleek gaandeweg lichte warhoofderij, brutale bluf en nageltergende eigenwijsheid. Toen hij voor een tijdje in Italië werd gestationeerd en mijn vader hem op een zondagmiddag trotskozend aansprak met 'broertje' en gemeend bezorgd vroeg hoe het dan wel met zijn Italiaans stond, lachte Gé zijn grote broer uit en smaalde hij dat hij immers vloeiend Spaans sprak en dat dat vrijwel hetzelfde als Italiaans was.

Ik kan mij geen verjaardag herinneren waarop Gé een normaal in de winkel gekocht cadeautje presenteerde. Hij stond op de raarste uren voor de deur (alleen; mijn tante liet hij liever thuis; weer zoiets dat geen enkele andere oom in zijn hoofd zou halen) en dan had hij voor mijn moeder hooguit de nieuwe Philips-kalender bij zich. Maar ik kreeg wel eens een onschatbare 17 centimeter langspeelplaat van hem in een geplastificeerde kleurenhoes. The Dutch Swing College Band, het Orkest Jan Corduwener of een exemplaar uit de reeks Music For The Millions. Over het label zat een dreigend strookje geplakt met 'Important! Strictly not for sale!' En toen ik zes-

tien werd gaf Gé mij een Philishave met twee beweegbare scheerkoppen. Toen ik die demonteerde, zaten er minuscule bruine haartjes in.
– Typisch Gé, zei mijn moeder.

De stem van Gé verschoot soms midden in een woord van toon en timbre om een octaaf hoger te worden, zo zinnenlang voort te piepen en dan na een korte blaf, je wist even niet waar je moest kijken, naar de oorspronkelijke grondhoogte terug te breken.

Kinderen die hem voor het eerst hoorden praten schoten verrast in de lach en hoopten dat mijn oom het erom deed. Dan haalde hij een sigaret uit zijn oor of een rijksdaalder uit hun neus, want er moest de hele dag en om alles worden gelachen. Ik kan me uit mijn halve eeuw met Gé geen serieuze blik en geen ernstig verhaal van hem herinneren.

Op een verjaardag van mijn vader heb ik een verre oom, stiekem onderuit in zijn richting knikkend, tegen een andere halve oom horen zeggen: 'cigaretten, drank en vrouwen!'

Zo'n kattende· opmerking had precies de lengte van de uit een mondhoek weggeblazen streep sigarettenrook die haar moest maskeren en het was of ik van driehoog een bloempot op mijn hoofd kreeg.

'He mounted his horse and rode off in all directions.'

Die lukraak driehonderdzestig graden in het rond grazende weetlust van Gé begon de meeste mensen na een tijdje op hun zenuwen te werken.

Er waren familieleden die niet eens meer de moeite namen om naar zijn verhalen te luisteren. – Ja, dahhag! zeiden ze al na zijn eerste inleidende zin. Ook toen hij niet meer reisde, maar in Eindhoven het Evoluon ging helpen opzetten, werden zijn plannen en verhalen per bezoek fantastischer. Ik moest snel langskomen, dan zou hij een hele middag gewichtsloos met ons gaan zweven in de door hem zelf ontworpen ruimtecapsule. Dat beloofde hij waar mijn kinderen bij waren, dus die zijn nog jaren blijven zeuren wanneer we nou hand in hand met oom Gé door de lucht boven Eindhoven gingen vliegen.

Een kind is nooit eenzamer dan tijdens het gesprek met een oom – sinds 1968 kan het ook een tante zijn – die het beste met je voorheeft, maar onder invloed is.

Hoeveel weerloze neefjes heb ik zelf niet, aangeschoten en halverwege ieder citaat de draad kwijt, op hun stoel geplakt gehouden; tot aan hun knieën vastgeklonken in mijn theorieën?

Bij mijn weten was Gé nooit beneveld wanneer hij tegen mij aanpraatte, maar bij hem maakte dat geen verschil.

Zijn zoon, mijn neef Reinier, sprak bij de crematie een onverbloemd maar liefdevol herdenkingswoord, waarin hij aanstipte hoe zijn vader in zijn jonge jaren, met geen andere bagage dan de Ulo en een half-afgemaakte cursus Reclametekenen, doodleuk had gesolliciteerd naar de post van waterbouwkundig ingenieur bij de Deltawerken, 'omdat al dat tekenen toch zo'n beetje op het zelfde neerkwam'.

Na het overlijden van zijn echtgenote, die hij tot het einde toe verpleegde, om nog zoveel mogelijk goed te maken, ontplooide Gé een stroom van nieuwe activiteiten buitenshuis. Om onze familiestamboom in kaart te brengen reisde hij langs de archieven van een groot aantal Nederlandse gemeenten, hij begon insecten te fotograferen, leerde Esperanto, kocht een vogelkijker, haalde zijn diploma's EHBO en autogeen lassen en was de oudste deelnemer (82) aan een computercursus. Dit wapenfeit haalde het Eindhovens Dagblad en het knipsel stuurde hij me toe, vergezeld van een opgewonden plan om ongelukken bij mist te voorkomen (het was iets met om de honderd meter grote verlichte spiegels langs de snelweg), een opzet voor een quizprogramma ten bate van de wereldvrede en het verzoek of ik hem de enveloppe met de gisteren afgestempelde speciale eerstedagzegel wilde terugsturen, door er voor de zekerheid een gewone zegel naast te plakken en er 'retour afzender' op te zetten. Voor zijn verzameling.

Goed op het nieuwe adres letten, want na de tweede beroerte sinds de dood van tante Hannie zat hij in een Eindhovens verzorgingshuis.

Ik ben nu al driemaal van een crematie thuisgekomen om bij de post de volgende rouwenveloppe te vinden en het ging in alle gevallen om familieleden die ik onvergeeflijk had verwaarloosd.

Daarom ging ik zo snel ik kon op weg naar Eindhoven om, dat voel je van tevoren, je hoeft jezelf niets wijs te maken, afscheid van mijn Oom Gerard te gaan nemen.

Ik had de half uit elkaar gevallen, zwarte zeemanspet van zijn vader voor hem bij me. Die door mijn eigen vader geërfde pet, met zijn roodzijden, vervette voering en de glimmend zwarte mica klep, die van onderen zo prachtig biljartlakengroen was, heeft altijd door ons huis gezworven.

Wanneer ik tussen de schuifdeuren optrad als Willem Parel, zette ik hem scheef op mijn hoofd. Ik haalde geld op in zo'n ronde, witkartonnen doos waarin Droste-flikken hadden gezeten.

Na de dood van mijn vader nam ik de pet mee naar mijn eigen huishouden. Ik heb geluk-

kig foto's van mijn zoon Kasper met de pet op, toen hij vier was, dus nu breng ik hem naar Gé. Wil ik nog iets weten van mijn vader als jongen? Gé is de laatste getuige. Als ik hem nog maar versta. Na zijn eerste attaque had hij pas drie dagen later gemerkt dat zijn stem zoek was, toen de telefoon ging en hij gewoon Hallo had willen zeggen. Er kwam geen geluid meer uit zijn mond.

Na twee maanden kon hij weer enigszins begrijpelijke klanken voortbrengen en vertelde hij, alsof het om een goede mop ging, hikkend van een nu twee octaven omspannende lach, over zijn tijdelijke stomheid.

G.W. van Kooten verblijft op de achtste verdieping van het kolossale, ergens aan een Eindhovense ringweg gelegen verzorgingshuis Kortonjo. Ik hoef er gelukkig nooit meer naartoe en zou het ook niet meer terug kunnen vinden. Op weg naar kamer 814 passeer ik voornamelijk vrouwelijke bejaarden, die in plukjes van drie op de gangen zitten te wachten totdat er iemand langskomt. Ik knik ze allemaal eerbiedig toe; dankbaar dat zij hier voorlopig in mijn plaats willen verblijven. Ik moet achter deze grijze deur zijn. Ik klop, een vrouwenstem roept met zachte g dat ik binnen kan komen en daar zie ik Gé. Twee blote witte staken steken uit zijn opgerolde pyjamabroek. Een zuster in habijt zalft zijn benen; want wij waren niks, maar Gé was katholiek geworden om met Hannie te kunnen trouwen en dit is een katholiek tehuis.

– Nou Gerard katholiek is geworden vertrouw ik hem helemaal niet meer, heb ik mijn oma van moederskant eens horen zeggen.

Gé ziet mij niet. Met open mond probeert hij de touwtjes van een dolgedraaide tibetaanse gebedsmolen te ontwarren.

– Ha die Gé! roep ik en ik realiseer mij dat ik mijn oom voor het eerst van mijn leven tutoyeer. Hij kijkt in mijn richting maar ziet niet wie ik ben.

Als ik naar hem toe loop begint hij zachtjes en geroerd te grommen, wil van alles zeggen, fronst en perst zijn ogen dicht, doet ze dan weer open als het spreken hem niet lukt en moet hier schurend om lachen.

169

– Zen, versta ik alleen, als hij het gebedsmolentje omhoogsteekt. Hij wijst op de tafel bij het raam waar, in een zee van paperassen, de Bijbel, de Koran en de Celestijnse Belofte liggen.

– Tressant! hijgt hij en beweegt zijn schriele hand verlekkerd heen en weer naast zijn grauwe, ongeschoren rechterwang. De zuster wikkelt de laatste zwachtel om zijn benen en stroopt de broekspijpen van zijn pyjama naar beneden. Gé stuurt mijn blik naar haar geknielde gestalte. Zie ik er wat in? vraagt hij met zijn ogen, terwijl hij een vlegelachtig mondje tracht te trekken, alsof alles nog altijd kon.

Ik kijk zo och mogelijk terug.

– Meneer Van Kooten moet wat minder lezen en wat meer eten, zegt de zuster tegen mij.

– Let op Gé, zeg ik, als zij de kamer heeft verlaten; all hands on deck!

Mijn oom staart mij aan met open mond, klaar om in lachen uit te barsten. Gé was de eerste in onze familie met een kunstgebit waar je het bijna niet van zag.

Vanachter mijn rug pak ik de pet uit zijn plastic tas, ik zing 'tatatataa' en presenteer hem met een komische uitval in zijn richting.

Gé is aan een oog blind geworden en moet twee keer kijken.

– Pa! roep ik; Pet Pa!

Er begint hem iets te dagen en dan verweekt

170

zijn blik tot die van een vijfjarig meisje dat haar mooiste verjaarscadeautje uitpakt: ze weet al wat het is, maar ze durft het nog niet te geloven.

Met trillende handen pakt Gé de pet. Hij draait hem langzaam rond, voelt aan de klep, ruikt aan de binnenvoering en zet hem heel voorzichtig op. Hij huilt tranen van het lachen en pakt mijn beide onderarmen vast. Ik kijk naar mijn eigen handen en zie dat mijn vijfde ouderdomsvlek er zit aan te komen. Ik hoor dat het is gaan regenen, maar heb nog niet naar buiten durven kijken.

– Je zit hier mooi Gé! roep ik.

Hij geeft bevestigend antwoord door zijn pet bij de klep te pakken en hem even ironisch van zijn achterhoofd te lichten.

Twee weken later stuurt Gé me dit bedankbriefje en weer een week later is de crematie. Pontificaal ligt de als nieuwe pet op Gé zijn kist. In het laatste langslopen aaien mijn moeder en ik allebei even de marineblauwe, lakense bovenzijde.

Dan herkent zij te midden van de rouwende pantoffelparade een vergeten nicht, met wie zij gearmd de aula verlaat. Ik loop berekenend te dralen, tot ik de laatste ben. Een functionaris van het crematorium doet beslist de deur achter mij dicht.

Ik vecht een kwartier durende minuut tegen de verleiding, maar dan druk ik achter mijn rug de doodse deurkruk naar beneden en slip ik terug naar binnen. Twee uitvaartverzorgers zijn koeltjes bezig met het ordenen van de boeketten, maar de kist is weg.

– Waar is de pet? vraag ik nonchalant. Uit mijn droge keel kraakt een rare, hebberige stem.

– Die moest toch mee? vraagt de ene lijkbidder voorzichtig.

– Akkoord, zeg ik met het air van de ceremonie-meester; nee, dan is alles in orde.

In deze gehaaste rust tussen twee plechtigheden durft de andere kraai een grapje te maken.

Hij schat mijn verdriet, dat kennelijk wel meevalt, vernauwt dan zijn blik tot een halve knipoog en zegt:

– We kunnen hem kwalijk nog een keer terug laten komen.

Die middag eet ik zeven plakken cake.

Aangezien de uitvoering van een vijfjarenplan een vijfminutendiscipline vraagt, zal het me niet lukken mijn zaakjes dusdanig op orde te krijgen dat ik ze probleemloos kan nalaten.

Zo ben ik er nog nooit in geslaagd om, al was het maar één week lang, driemaal daags een tabletje in te nemen.

U?

Het lijkt net zo eenvoudig als het elke ochtend maken van tien diepe kniebuigingen; maar die heb ik evenmin ooit gehaald, omdat bij zes de melk overkookt, bij acht de telefoon gaat of ik ze simpelweg alle tien vergeet.

Ik had zinkpillen voorgeschreven gekregen, om mijn geheugen bij te spijkeren en mijn concentratievermogen te verhogen.

Bij aanvang van de kuur herinnerde ik mij weliswaar pas tijdens het ontbijt dat ik er vóór iedere maaltijd eentje moest innemen, maar als ik eenmaal in het patroon van de voorgeschreven vier weken zat, zou de werkzaamheid van het

173

medicijn wel merkbaar worden en het driemaal-
daagse slikken tot mijn tweede natuur gaan be-
horen.

Het was een gloednieuwe, prijzige pil, die het
midden hield tussen een capsule en een sachet,
dus daar moest ik eerst de juiste sliktechniek voor
ontwikkelen. Bewust slikken blijft altijd even
schrikken. Maar dat lukte prima, die eerste zat
erin, de kuur was begonnen en een verse levens-
week lag voor mij. Altijd doen alsof je zondag
bent overleden en vanaf maandag een herkan-
sing krijgt.

Opgewekt ging ik de deur uit.

Pas op de zaak herinnerde ik mij mijn pillen-
kuur en dat ik ze vergeten was mee te nemen.
De avondpil zou ik nog wel halen, maar de ver-
plichte middagtablet sloeg ik dus die eerste dag
al over. En omdat ik zodoende nog niet in mijn
slikritme zat, vergat ik na thuiskomst ook de derde pil. Wij gebruikten het avondeten, keken een
beetje televisie en gingen naar bed.

Vlak voor het inslapen dacht ik aan mijn
kuur. Ik ging eruit, sloeg de twee vergeten pillen
achterover en spoelde ze weg met het staartje
van de fles wijn. De bijsluiter ontraadde het gebruik van alcohol, wat de rijvaardigheid kon
beïnvloeden, maar daar had ik in bed natuurlijk
geen last van.

De volgende morgen moest ik tot 's avonds
laat van huis.

Ik nam mijn ochtendpil, bijna vergeten, na het ontbijt en besloot de andere twee pillen bij mij te steken. Daar heb ik, bij wijze van kleine reisapotheek, nog speciaal een lucifersdoosje voor leeggemaakt. Maar toen ging de telefoon en moest ik halsoverkop de deur uit. Ik graaide mijn papieren bij elkaar, schoot half mijn jas aan en holde met een wapperende lege mouw de trap af; het pillendoosje achterlatend op de hoek van het aanrecht. Die avond kwam ik zo laat thuis dat ik mijn pillen glad vergat en meteen in bed rolde. Om de schade in te halen nam ik er de volgende morgen bij het ontbijt dus vier tegelijk. De pil voor die middag en het avondexemplaar deed ik in het vergeten lucifersdoosje (waar die twee van de vorige dag nog in zaten) en dit borg ik veilig in de zak van mijn jas; die ik bij het uitstappen op de achterbank van mijn auto liet liggen, omdat ik het altijd zo warm krijg in de file. De vergadering liep uit tot diep in de middag, maar toen ik in mijn auto stapte nam ik, noodgedwongen zonder de voorgeschreven ruime hoeveelheid water, nog voor ik wegreed de gemiste middagpil in; plus alvast de avant-dinerpil, omdat ik gegarandeerd klem zou komen te zitten in de avondfile. Dat ik ze niet vergat, bewees dat ze al begonnen te werken.

De volgende morgen voelde ik mij niet lekker, dus besloot ik lekker in bed te blijven. Mijn vrouw bracht een ontbijtje boven en ik vroeg om mijn drie zinkpillen voor de hele dag.

– Zinkpillen? vroeg ze; waar heb je het over?

Toen herinnerde ik mij dat ik niets van mijn ijzeren regime had verteld, om haar na een maand als herboren te kunnen verrassen. Maar waar had ik de doos met de complete kuur gelaten?

– Kijk eens in de badkamer, stelde ik voor, maar daar kon zij niks vinden. Mijn geheugensteunpillen waren en bleven weg. 's Avonds herinnerde ik mij gelukkig het lucifersdoosje in mijn jaszak. Daar heb ik een van de twee resterende reispillen uit ingenomen en vanmorgen dus de tweede. Daarna het hele huis ondersteboven gekeerd, maar de oorspronkelijke kuurdoos niet teruggevonden. Dus vanmiddag even langs de huisarts voor een nieuw recept. Niet vergeten dubbele dosis te vragen.

Die man, en het was helemaal geen aardige man geweest, had gezegd dat zij achtduizend en vijfhonderd gulden moest betalen.

Maar van tevoren was het door de telefoon achtduizend gulden precies geweest, dat wist ze zeker, want dat had iemand van de stoffeerderij zelf gezegd. Dus om nou niet met dat enorme bedrag over straat te hoeven, was ze in veertien dagen vier keer naar het postkantoor heen en weer gemoeten, waar ze elke keer tweeduizend gulden had opgenomen. Daar had ze eerst voor gebeld, of dat kon, maar dat mocht. Thuis had ze die achtduizend gulden in een enveloppe onder het lopertje op het dressoir gelegd, en dan daar weer bovenop zolang de fruitschaal. Maar toen kwam die man met de kussens en die zei dat het alles bij elkaar achtenhalfduizend gulden had gekost! En die vijfhonderd gulden extra had ze natuurlijk niet in huis. Dus ze had hem gezegd dat ze dan eerst weer even naar het postkantoor moest. Dat gaf niet, zei die vent, dan

177

zou hij de kussens vast netjes neerleggen.

Toen weer helemaal naar het postkantoor en het lijkt wel of ik steeds langzamer ga lopen.

Als ze nou op het postkantoor maar niet lastig zouden zijn, want die zouden wel denken daar heb je dat mens weer om geld. Gelukkig zat er achter het loket een andere meneer dan de vorige keer, tenminste ze dacht van wel, want hij zei niks en het was goed. Maar de hele weg bonsde haar hart in haar keel, want al die tijd was die vent van de kussens alleen bij haar thuis, dus als die maar niet onder het lopertje op haar dressoir zou gaan voelen. Maar zo mag je niet denken.

Toen ze dan eindelijk weer terug was vroeg die kussenkerel of hij even naar de wc mocht, dus dat viel haar dan nog van hem mee: dat hij dat niet al in de tussentijd dat zij naar het postkantoor was had gedaan. Gauw had ze onder het lopertje gevoeld, ze rilde er helemaal van, maar de hele enveloppe lag er gelukkig nog.

Wat had ze anders moeten beginnen!

Maar het was zo'n nare man geweest dat ze hem niet om een kwitantie had durven vragen. Ik wou dat je die man gezien had. Maar eerlijk is eerlijk, de stoelen en de bank waren weer als nieuw. Van twee van de tien kussens was de bovenkant wat lichter dan van de rest, maar die had ze zolang ondersteboven gelegd, ik zal het je laten zien. Daar ben ik een hele middag mee bezig geweest, want eerst had ik alle andere kussens omgekeerd, maar die waren wel aan allebei de kanten het zelfde.

Terwijl ze daarmee bezig was geweest had ze berekend, want rekenen gaat gek genoeg nog wel goed, rekenen en telefoonnummers. Ik weet nog zo tien telefoonnummers uit mijn hoofd, maar de meeste zijn van mensen die allang dood zijn en van ons eigen nummer van vroeger, dus daar heb ik niks meer aan. En jullie nummer is veranderd, maar dat hangt bij de telefoon. Maar wat zei ik nou? Ja, namen ben ik dus heel slecht in geworden, ik weet nu bijvoorbeeld al niet meer hoe die stoffeerderij heette, maar met cijfers mag ik nog niet mopperen. De nieuwe bekleding van ieder kussen kostte dus achthonderdvijftig gulden en dat is natuurlijk een vermogen, ik schaam me dood, maar als ik er niet meer ben dan hebben jullie er in elk geval nog een makkelijke logeerbank aan, of de kinderen.

Maar nou is er vorige week nog iets veel ergers gebeurd en ik had het graag geheim willen houden want het is helemaal mijn eigen schuld maar jij moet het weten, want ik heb het aan de politie moeten vertellen, omdat er meer gevallen van waren.

Die twee van de politie dat waren nou echt weer eens keurig nette jongemannen. Misschien komen ze ook nog bij jullie voor het onderzoek, dus ik zal maar eerlijk zeggen wat er gebeurd is.

De man die aanbelde, ik geloof dat het maandag was, zei dat hij op nummer zes was komen wonen. Ik weet zeker dat het zes was. Maar dat zijn broer de sleutels had en dat die op zijn werk in Zoetermeer zat en of hij hem even mocht bellen.

Nou wat doe je dan als het min of meer een nieuwe buurman is? Dus hij bellen maar hij kreeg geen gehoor. Toen zei hij, het was werkelijk echt een hele beschaafde man en in een mooi pak met een rustige das, wat zei hij nou ook haast weer?

O ja dat hij zijn giropas kwijt was en of hij ook nog even naar het hoofdkantoor van de giro mocht bellen, maar dat hun telefoonnummer bovenaan de afschriften van de giro stond, die hij natuurlijk niet bij zich had, dus of ik ook giro had.

Nou die heb ik, dus dat was een kleine moeite. Ik loop naar het dressoir en ik vond het al zo raar dat hij zomaar met mij meeliep en in mijn giroboekje meekeek, dat hij niet gewoon op de nieuwe bank bleef zitten, want meneer zat inmiddels. Daar, ik zie hem nog zitten. Ik had hem dat telefoonnummer hardop willen voorlezen, maar hij staat ineens achter me en hij schreef het dus zelf op. Toen vroeg hij of hij even van het toilet gebruik mocht maken. Ik zeg natuurlijk

180

meneer en hij naar de gang.

Ik was op van de zenuwen. Ik dacht wat blijft hij lang weg.

Maar hij kwam gelukkig gauw terug. En daarna ging hij weg en vroeg hij of hij mij een kus mocht geven, omdat ik hem zo goed geholpen had. Dat vond ik weer heel aardig van hem en hij kust mij op deze wang en hij weg. Ik moest van de drukte even gaan liggen. Staat de slaapkamerdeur open en heeft hij mijn hele portemonnee van de keukentafel meegenomen terwijl hij dan zogenaamd naar het toilet was! Met jullie foto's erin.

Dat vind ik nog het ergste, die dure kleurenfoto's.

En kijk, hier op dit girobiljet, waar had ik het nou, ja dit, nee hier: hier staat Bedrag Af 2700 gulden. Maar waar moet ik 2700 gulden aan hebben uitgegeven?

Dus dat heeft die kerel op de een of andere manier voor elkaar gekregen, van mijn rekening. Je snapt het niet hè, dat zo'n man het nodig heeft om zulke dingen te doen.

Terwijl als je hem had meegemaakt! Zo welbespraakt en zulke goede manieren dat hij volgens mij makkelijk een nette betrekking kan krijgen.

Nou, het is wat met mij hoor. Ik weet soms niet meer waar het heen moet.

Maar dit is wel goed hè? Ik dacht het is allemaal gedrukt, ook mijn naam en er staat op dat het officieel is. Kijk hier: ik heb vijf persoonlijke geluksnummers. Maar het gaat mij natuurlijk niet om een prijs, want dit is voor Help de dieren. En je mag zelf kiezen hoeveel geld je wilt overmaken. Hier staat: een gift van bijvoorbeeld 20 gulden helpt ons enorm bij het voortzetten van onze activiteiten om dieren overal ter wereld te beschermen tegen wreedheid en leed. Dus ik heb 25 gulden overgemaakt. Daar heeft je moeder toch weer niks doms mee gedaan?

– Hoe was Sneak Preview gisteravond? vraagt hij zijn dochter.

– Sneak preview? vraagt ze, met een gezicht vies van verbazing.

– Je ging toch naar Sneak Preview gisteravond? Losjes blijven praten. Hij wist het zeker, want hij had het opgeschreven, om vandaag geen flater te slaan.

– Nee, zucht ze; ik ging naar *de* sneak preview.

– Was hij dan zó goed? vraagt hij, meegenietend.

– Het was Boogie Nights, zegt ze geduldig; met Mark Wahlberg en Burt Reynolds. Geweldige film.

– Dus niet Sneak Preview, begrijpt hij.

– Nee je begrijpt het niet pa! Boogie Nights was deze week in de sneak preview.

– O die bioscoop heet Sneak Preview, zegt hij opgelucht; is dat een leuk theater? Waar?

Zij geeft het op.

– En vanavond gaan we naar Johnny Depp,

183

waarschuwt ze; je hebt toch wel eens van Johnny Depp gehoord?

– Nee, zegt hij plompverloren; nooit.

– Dat bestaat niet! Dan ben je het vergeten. Moet je maar niet zoveel drinken. Nee, dat bedoel ik niet zo.

– Wie is dat dan, Johnny Depp?

– Pa schei uit, je zit me te dollen.

– Echt niet meisje, eerlijk niet. Ik weet het niet.

Als ze opgewonden raakt blaast ze, uit de hoek van haar scheefgetrokken mond, snel de krullen van haar voorhoofd. Dat haar van haar is rood en daar zit ze mee.

Van alles geprobeerd, maar het laat zich niet verven.

Als jongens zeggen dat ze haar mooi vinden, kan zij het niet laten.

– Ook mijn haar? vraagt ze dan.

– Juist je haar, zeggen ze meestal, in hun lompe hoofsheid.

En dan is het weer niet goed, want dan denkt ze dat ze op haar vallen vanwege die afwijking. Want rood haar hebben is een afwijking, dat praat niemand haar uit haar hoofd en dus kreeg zo'n jongen dan iets pervers.

– Heeft Michaël nog gebeld? vraagt ze. Ze frommelt een Barclay Light tevoorschijn en tikt een paar maal met het filter op haar duimnagel: een geraffineerd bedoeld gebaar, dat ze aan een

oude speelfilm moet hebben ontleend, want zelf
heeft zij nooit iets anders dan filtersigaretten ge-
rookt. Allemaal zenuwen, vanwege dat rode haar.
Kijk, ze stopt haar sigaret weer terug.

– Michaël? Help me even?

– Die jongen van Bookers.

– Bookers, herhaalt hij gehoorzaam, zonder
vraagteken.

– Die zou kaarten regelen voor het concert van
Jamiroquai.

– Leuk, leuk. Veel plezier dan maar.

Weer dat blazen.

– Dat is pas in augustus hoor pa.

– Kijk eens aan. Dan hebben jullie fijn iets om
naar uit te kijken.

– Vanavond gaan we naar Ed Wood.

Was dat ook muziek?

– Van Tim Burton, in City 3.

Aha. Dat is dus een nieuwe filmster, Tim
Wood. Tim Wood en Ed Burton, goed onthouden.

– Met Johnny Depp dus.

Juist. Tim Wood, Ed Burton en Tony Depp.
Opschrijven, voor morgen.

– Neem jij de Prince voor me op?

Prince! Die kent hij.

– Komt Prince dan vanavond? vraagt hij gulzig.

– Ja, op SBS 6.

Ze trekt een jasje aan. Heeft ze dat al langer,

185

dat rode jekkertje? Hij wrijft zich hip in zijn handen.

— Dan hoop ik dat hij Purple Rain zingt, want dat vind ik toch zo'n prachtig nummer qua melodie, zegt hij.

— Nee pa. De Fresh Prince of Bel-Air, bedoel ik natuurlijk!

— Natuurlijk, natuurlijk. Hij schudt zijn hoofd en voelt zijn wangen meeblubberen.

Zij streept het voor hem aan, in de gids. Gelukkig heeft zijn zoon vorige week de video helemaal opnieuw geprogrammeerd.

— Heb je geld bij je? vraagt hij met een royale knipoog.

— Wat dacht je dan? Het was gisteren de zesentwintigste.

Zij kust hem gedag op zijn kale hoofdeiland.

De zesentwintigste. Wat is er met de zesentwintigste?

Hij hoort haar nieuwe autootje wegrijden en probeert zich uit alle macht de naam van het type te herinneren, maar komt niet verder dan Twingo, Tango, Jojo, Samba, Lola, Toko. De Peugeot Basta? Fiat Pasta? Ford Caramba.

Zijn eigen moeder weet helemaal van niets meer, maar die heeft officiële Alzheimer en daarvan is bij hem geen sprake.

Maar als je hem nu met een pistool op zijn

slaap zou vragen wat er gebeurt in Sleepless in Seattle, dan zou hij het niet weten. Als hij het goed heeft is dat de laatste film die hij, een jaar geleden, helemaal heeft uitgezien. Dus hij was er wel degelijk door geboeid geweest. Maar nu? Een grote blinde vlek, een leeg en volkomen wit doek.

Je ziet elke avond op de televisie van die jury's zitten bij spelletjes en uit het enthousiaste gedrag van het publiek en de stomperige schatermanier waarop zo'n trio met elkaar omgaat kun je afleiden dat zij gevierd en beroemd zijn, maar hij kent er geen eentje, zelfs niet van naam. Daarom schrikt hij ook nooit van de advertenties voor de roddelbladen. Wat kan het je schelen als er twee mensen uit elkaar zijn die je niet kent? Of dat een zangeres van wie je nog nooit hebt gehoord is bevallen van een doof kindje? Het is geen desinteresse, god nee! Hij voelt zich nergens te goed voor en hij was destijds vast van plan om de smaak van zijn kinderen zo lang mogelijk te blijven volgen, maar er is gewoon geen beginnen aan. Voortdurend denderen er treinen vol nieuwe namen, stijlen, smaken, figuren en producten langs het perron waarop hij staat te wachten tot er eens even eentje wil stoppen. Maar die kans wordt je niet meer gegund.

Noem twee platen uit de huidige toptien. Met geen mogelijkheid. Het feit alleen al dat hij nog praat van platen.

187

Boeken dan. Noem een schrijver die deze week op de bestsellerlijst staat. Ludlum waarschijnlijk. En Van Dis. Geen van beide gelezen. Toch leest hij elke dag een uur, bij voorkeur dikke pillen. Maar na *Montaillou* had hij nu net *In de naam van de Roos* uit en wou hij op zijn gemak aan *De Duivelsverzen* beginnen. Dus al las hij tien uur per dag, hij zou zijn achterstand nooit meer kunnen wegwerken. Achterstand? Wie zegt er eigenlijk dat hij op achterstand ligt? Achterstand ten opzichte van wie en wat? Achterstand op de waan van de dag, denkt hij grimmig.

Hij komt overeind, pulkt een cd uit zijn zelfgetimmerde toren en tikt track acht van 'Night Calls' in; het door Jeff Lynne geschreven titelnummer, gezongen door Joe Cocker. Dat nummer pept hem al op sinds 1991. Als er niemand thuis is, zingt hij het keihard mee.

Er is een tijd geweest waarin hij alles wist. Niets wist, maar alles kende. Niets kende, maar alle namen wist. Met een vriend op school deden ze tijdens de Tour de France wie de meeste rennersnamen met een A, met een B, en zo voorts kon opschrijven. Noem tien renners uit de laatste Tour de France. Blijlevens en Jalabert, verder komt hij niet. Bugno, rijdt die nog mee?

Die vriend had een hobby die hij toen een beetje griezelig had gevonden, maar waar hij in

188

de loop der jaren steeds meer begrip voor heeft gekregen.

's Zomers trok die jongen naar het bos, met een mand vol mondvoorraad, ook wanneer het regende.

– Ik heb lekker de hele middag worst zitten eten, in mijn eentje, midden in het bos! vertelde hij dan dromerig, de volgende dag; en paté en saucijzen en lekker niemand gezien!

Het grindpad knerpt en de koplampen van zijn vrouw strijken langs de gordijnen. Hij zet snel Joe Cocker af en pakt de krant. Als hij met zijn vrouw vree, dacht hij aan Kim Basinger. Maar hij had het nu al minstens tien keer met Kim Basinger gedaan en zij begon hem te vervelen. Dus is hij overgestapt op Michelle Pfeiffer. Zijn vrouw weet van niets. Misschien denkt zij wel aan Anthony Hopkins, wanneer ze met hem vrijt. Dus dan vrijen Michelle Pfeiffer en Anthony Hopkins met elkaar, zonder het te weten. Sla dat eens om over de hele wereld! Duizenden keren per nacht bedrijven Jeremy Irons en Claudia Schiffer de liefde! Alhoewel: in het echt is Claudia Schiffer waarschijnlijk te dom voor Jeremy Irons. Jeremy Irons zelf denkt bij het vrijen eerder aan Catherine Deneuve, of aan wijlen Lady Di.

– Je moet de groeten van Els hebben, zegt zijn vrouw, die zelf geen rood haar heeft.

– Doe de groeten terug, zegt hij.

– Zal ik zeker doen, zegt ze; maar vanavond blijf ik lekker lezen. Zij had hem net uit.

– Wie? vraagt hij voorzichtig.

– No night is too long, genottert zij en bij wijze van trofee steekt zij een pocketboek omhoog.

– The night is long?

– Van Barbara Vine.

– Barbara Wie?

– Barbara Vine! Je weet wel: Ruth Rendell.

– O die! Hij probeert opgelucht te glimlachen.

Dan vraagt hij in het wilde weg: heb je geen zin om even lekker te vrijen?

– Een ander keertje, zegt zijn vrouw.

VERANTWOORDING

In een poging het krimpende leven en de uitdij-
ende dood met elkaar te verzoenen, schreef ik
tussen 1996 en 1999 deze autobiografische verhalen.
Eerst overwoog ik ze de titel 'Mist in beide rich-
tingen' mee te geven, maar 'Levensnevel' dekt de
lading beter.
In hun eerste gedaante verschenen de meeste
stukken in het Belgische weekblad Humo. Het
lange verhaal 'Pater Dirk' werd niet eerder gepu-
bliceerd en de overige verhalen werden ingrij-
pend herschreven.
De meeste illustraties stammen uit het archief en
de camera van de schrijver. De eerste foto in het
verhaal 'De Pet' komt uit het boek 'Dit is ons
huis', van uitgeverij De Koning Gans, 's-Gravenhage, 1997.
De illustraties bij het verhaal 'Marquet? Marquet!' zijn ontleend aan de door Electa uitgegeven catalogus van het Musée de Lodève.
De foto's bij 'Pater Dirk' werden gemaakt door
Marianne Holten.

Kees van Kooten